Alexandra Pradella-Ott
1991.

Deutsch:
Entdecken wir es!

Edda Weiss

Webster Division
McGraw-Hill Book Company

New York St. Louis San Francisco Dallas Düsseldorf
Kuala Lumpur London Mexico Montreal New Delhi Panama
Rio de Janeiro Singapore Sydney Toronto

Credits

Text photos

The black and white photographs that appear on the following pages are from EDITORIAL PHOTOCOLOR ARCHIVES, INC. (EPA), New York.
76; 243; 245; 246; 248; 250; 252; 255; 299.

The black and white photographs that appear on the following pages are from Robert Rapelye from EDITORIAL PHOTOCOLOR ARCHIVES.
6; 8; 11; 14; 19; 38; 47; 49; 52; 55; 57; 59; 65; 66; 67; 70; 71; 73; 79; 80; 87; 90; 92; 94; 96; 97; 98; 99; 106; 109; 111; 112; 115; 118; 119; 124; 126; 128 (both photos); 130; 132; 133; 135; 137; 138; 145; 146; 149; 152; 154; 156; 158; 159; 183; 187; 189; 192; 193; 198; 201; 203; 204; 206; 210; 213; 214; 215; 223 (both photos); 224; 226; 229; 231; 235; 253; 260; 262; 267; 274; 277; 283; 287 (both photos); 288; 291; 298; 299; 305; 307 (both photos); 310; 313; 318.

The black and white photographs that appear on the following pages are from Huber from EDITORIAL PHOTOCOLOR ARCHIVES.
25; 26; 31; 32; 33; 36.

All color photographs in the text are from EDITORIAL PHOTOCOLOR ARCHIVES, INC. (EPA) or from Robert Rapelye from EDITORIAL PHOTOCOLOR ARCHIVES.

Illustrations

Don Miller

Design & layout

Publishers Graphics

Library of Congress Cataloging in Publication Data
Weiss, Edda.
    Deutsch: entdecken wir es!
     1. German language—Grammar—1950–   I. Title.
[PF3112.W36] 438'.3'421   72–3907

ISBN 0-07-069075-8

Deutsch: Entdecken wir es!

Editorial Development, Conrad J. Schmitt; Production, Richard E. Shaw; Design Supervisor, John Keithley; Editing and Styling, Joan Rosen

Acknowledgments

The author wishes to express her gratitude to the many people who assisted in making this project a reality. A special word of thanks is due Mr. Conrad J. Schmitt, senior editor, for his faithful guidance and assistance throughout the development of the entire manuscript. The author is also indebted to Dr. Emma Birkmaier, University of Minnesota; Mrs. Dorothea Bruschke, Maplewood Public Schools, Richmond Heights, Missouri; Dr. Hedi Oplesch, Robbinsdale Public Schools, Robbinsdale, Minnesota; and Mrs. Ingrid Jaeger, New Providence Public Schools, New Providence, New Jersey, for the constructive criticisms they offered after reading the original manuscript.

Special thanks are due Mrs. Elke Gschossmann, Madison Public Schools, Madison, New Jersey, and Dr. Lucille Karcik, Columbia University, for the many suggestions they offered throughout their diligent reading of the manuscript, galleys, and page proof.

To test the teachability of the material, the author expresses her gratitude to Debbie Balwochus, Joyce Burdzy, Emil Canestrino, Raymond Cisbani, John Clapps, Maria Daniele, Siegfried De Vuyst, Barbara Finn, Linda Hagele, Elizabeth Hillenius, Mary Hurley, Bonnie May Kersta, Bernhard Kloppenburg, Anne Kyritsis, Kathy Lynch, Marian Metolli, Stephen Novak, Judy Parker, Lillian Reinhardt, Willa Ann Specht, Gina Speciale, Florence Zeberl—all members of her German I class at Hackensack High School—for their cooperation in testing the content of this book in manuscript form. The same word of appreciation is extended to Mr. Arvid Salvhus of the Laramie Public Schools, Laramie, Wyoming, for having pretested the manuscript with his German I classes.

A final word of indebtedness is given Miss Stephanie Kalfayan for typing the manuscript.

Preface

Deutsch: Entdecken wir es! and *Deutsch: Erleben wir es!* form an audio-lingual-visual course designed to teach the basic concepts of the German language over a two-year period. The two texts and their supplementary materials are the result of nationwide study and observation reflecting the latest stage in the thought of foreign language instructors.

The cultural content of *Deutsch: Entdecken wir es!* is that of Germany today. Great emphasis has been placed on the people, whose language is organized and presented in the pages which follow. The students are given the opportunity to glimpse the cosmopolitan life of München and the art colony in Schwabing; the bustle of Hamburg, the port city; the industry and commerce of Frankfurt; the university life of Heidelberg; and the quaint village of Tübingen, with the distinctive architecture of its *Fachwerkhäuser*. The life of the native German can be appreciated as well as the life of the *Gastarbeiter* who has chosen Germany as his place of employment.

In the presentation of all linguistic concepts, the author has held firm to the belief that materials must be exceptionally teachable if they are to be readily learnable. Ample provision has been made to place equal emphasis on each of the four language skills: listening, speaking, reading, and writing. It is recommended that the four skills be taught in the order in which they have just been listed. *Deutsch: Entdecken wir es!* is organized in lessons which adhere to the following pattern:

Vokabeln

The new vocabulary to be taught is presented in context with an illustration to assist the students with comprehension. The comprehension of *each* word should be stressed along with the overall understanding of the sentence. Filmstrips are provided so that this section may be taught with the books closed.

Übungen

A series of exercises follows the presentation of the new vocabulary. These vocabulary exercises give students the opportunity to practice and use the new words of each lesson before encountering them again in the pattern drills, dialog, and reading selection for further reinforcement.

Nomen

In order to facilitate the learning of gender and the plural forms of nouns, a series of short noun drills is presented.

Struktur	The structural points of each lesson are logically presented through pattern drills. A varied series of exercises with realistic stimuli provides ample practice of each concept.
Grammatik	Immediately following the pattern-drill presentation of each grammatical concept, there is a brief explanation in English of the particular point presented. Following the grammatical explanation, there are additional examples and one or more drills of a more challenging nature to check mastery of the grammatical point being studied.
Gespräch	The short dialog contains previously learned vocabulary and structure. The dialogs are constructed to be learned with minimal effort. Personalized language, not memorization of the dialog, is the goal of this segment. The dialogs are based on the situation presented in the lesson, providing an opportunity for students to verbalize about that situation. Structures which the students have not been trained to use are avoided.
Fragen	The questions which follow the dialog should be used during the teaching of the dialog and also as a culminary activity. These questions check comprehension of the dialog and also aid students in manipulating and personalizing the language of the dialog.
Aussprache	This section teaches "word attack" skills. All students should be encouraged to learn the graphic symbols of the sounds included, so that new words will present minimal difficulty when encountered in print at a later time.
Lesestück	Each lesson contains a reading selection. The purpose of the selection is not only to present interesting, culturally authentic reading material, but also to expand the situation presented in the dialog. These narratives provide an opportunity for the students to compare and contrast cultures and to learn about the history, geography, literature, and customs of the Germanic world. New words are sidenoted for ease in reading.
Fragen	The questions which follow the reading selection are designed to assist the instructor in checking the students' comprehension. These will provide an opportunity for students to talk about the material they are reading.

Übungen zum Schreiben

These exercises are designed to give specific assistance in transferring from oral to written language. Every phase of the lesson is reinforced through these written exercises.

Mündliche Zusammenfassung

Each lesson ends with a full-page illustration. This illustration recombines all the information presented in the lesson. As students look at the illustration, they can tell a story in their own words based on the material presented in the lesson.

Appendices

Included at the end of the book are lists of cardinal numbers, hours, days, and months, as well as verb charts, a German-English vocabulary, and a grammatical index.

About the Author

Edda Weiss

Miss Weiss, a native of Germany, is a German instructor at Hackensack Senior High School in New Jersey. She has done undergraduate and graduate work at Hunter College in New York City. Miss Weiss has attended two NDEA institutes; one sponsored by Rutgers University, and one advanced-level institute in Mannheim, Germany, sponsored by New York University. Miss Weiss's background includes graduate study in linguistics, teaching experience in New York City, demonstration lessons for purposes of teacher training, and extensive travel throughout her native Germany.

Table of Contents

Aufgabe 1

2	**Vokabeln**	
5	**Struktur**	Singular des Verbs *sein*
7		Die Personalpronomen *er, sie, (es)*
9	**Gespräch**	Wer ist das?
10	**Vokabeln**	
12	**Struktur**	Plural des Verbs *sein*
15		Das Personalpronomen *sie*
16	**Gespräch**	**Wer sind sie?**
17	**Lesestück**	**Zwei Freunde**
21	**Mündliche Zusammenfassung**	

Aufgabe 2

22	**Vokabeln**	
26	**Struktur**	Verben
26		*Singular*
28		Das Wort *gern*
29	**Gespräch**	Am Strand
30	**Vokabeln**	
32	**Struktur**	Verben
32		*Plural*
35	**Nomen**	
37	**Gespräch**	**Im Café**
39	**Lesestück**	**Sommer an der Nordsee**
43	**Mündliche Zusammenfassung**	

Aufgabe 3

44	**Vokabeln**	
48	**Nomen**	
49	**Struktur**	Nominativ und Akkusativ
54	**Gespräch**	**Ein Geburtstagsgeschenk**
56	**Lesestück**	**Eine Geburtstagsparty**
61	**Mündliche Zusammenfassung**	

Aufgabe 4

62	**Vokabeln**	
66	**Nomen**	
68	**Struktur**	Das Verb *haben*

	68		*Singular*
	69		Das Verb *haben*
	69		*Plural*
	72		Akkusativ
	72		*Plural*
	73		Die umgekehrte Wortfolge
	75	**Gespräch**	**Gehen wir in die Stadt!**
	77	**Lesestück**	**Wir wohnen in München**
	83	**Mündliche Zusammenfassung**	
Aufgabe 5	84	**Vokabeln**	
	87	**Nomen**	
	88	**Struktur**	Pronomen im Akkusativ
	88		*Singular*
	91		Pronomen im Akkusativ
	91		*Plural*
	91		Wortfolge mit *dass*
	93	**Gespräch**	**Gehen wir einkaufen!**
	95	**Lesestück**	**Ein Nachmittag in Hannover**
	101	**Mündliche Zusammenfassung**	
Aufgabe 6	102	**Vokabeln**	
	105	**Nomen**	
	107	**Struktur**	Verben, die sich verändern
	107		$e \rightarrow ie, e \rightarrow i$
	110		Verben, die sich verändern
	110		$a \rightarrow \ddot{a}$
	113		Das Wort *lieber*
	114	**Gespräch**	**Nach Deutschland**
	116	**Lesestück**	**Ein Amerikaner in Deutschland**
	121	**Mündliche Zusammenfassung**	
Aufgabe 7	122	**Vokabeln**	
	125	**Nomen**	
	125	**Struktur**	Der Imperativ mit *Sie*
	127		Der Imperativ für *du*
	129		Der Imperativ mit *wir*
	130		Der Imperativ für *ihr*
	131		Das Verb *mögen*
	134	**Gespräch**	**Auf dem Flughafen**
	136	**Lesestück**	**Frankfurt**
	141	**Mündliche Zusammenfassung**	

Aufgabe 8

142	**Vokabeln**	
146	**Nomen**	
147	**Struktur**	Dativ
147		*Maskulin und Neutrum*
147		*Feminin*
150		*Plural*
151		Wortfolge mit *denn* und *weil*
153	**Gespräch**	**Auf dem Weihnachtsmarkt**
155	**Lesestück**	**Weihnachtszeit in Deutschland**
161	**Mündliche Zusammenfassung**	

Aufgabe 9

162	**Vokabeln**	
181	**Nomen**	
181	**Struktur**	Dativpräpositionen
181		*nach, aus, mit, gegenüber*
183		*zu, bei, von*
185		Die Präposition *in* mit Dativ
186		Die Präposition *in* mit Akkusativ
188	**Gespräch**	**Gehen wir Schi laufen!**
190	**Lesestück**	**Winter**
195	**Mündliche Zusammenfassung**	

Aufgabe 10

196	**Vokabeln**	
199	**Nomen**	
199	**Struktur**	Possessivadjektive
199		*Nominativ—Singular*
204		*Akkusativ—Singular*
207		*Plural*
209	**Gespräch**	**Eine Freundin aus Heidelberg**
211	**Lesestück**	**Ein Brief aus Heidelberg**
217	**Mündliche Zusammenfassung**	

Aufgabe 11

218	**Vokabeln**	
221	**Nomen**	
221	**Struktur**	Possessivadjektive
221		*Dativ—Singular*
225		*Dativ—Plural*
226		Das Perfekt
226		*Schwache Verben*
228		*Einige starke Verben*
230	**Gespräch**	**Eine Radtour**

| | 232 | Lesestück | Eine Radtour in der Lüneburger Heide |
| | 237 | Mündliche Zusammenfassung | |

Aufgabe 12	238	**Vokabeln**	
	241	**Nomen**	
	241	**Struktur**	Modale Hilfsverben
	241		*dürfen, müssen, können, wollen, sollen*
	245		Das Verb *möchten*
	247		Das Perfekt
	248		*Schwache Verben mit untrennbaren Präfixen*
	249	**Gespräch**	**Ein Fremder in Hamburg**
	251	**Lesestück**	**Fremdenführer**
	257	**Mündliche Zusammenfassung**	

Aufgabe 13	258	**Vokabeln**	
	261	**Nomen**	
	261	**Struktur**	Wortfolge mit *dass, weil*
	261		*Mit modalen Hilfsverben*
	264		Das Verb *wissen*
	265		Das Verb *kennen*
	267		Personalpronomen im Akkusativ
	270		Das Perfekt
	270		*sprechen, treffen, helfen, nehmen*
	270		*singen, trinken, finden*
	270		*wiegen, schreiben, essen*
	272	**Gespräch**	**Kennst du Dieter?**
	273	**Lesestück**	**Rotkäppchen**
	279	**Mündliche Zusammenfassung**	

Aufgabe 14	280	**Vokabeln**	
	284	**Nomen**	
	284	**Struktur**	Reflexive Verben
	287		Personalpronomen im Dativ
	291		Dativpräpositionen *von, mit*
	293		Das Perfekt
	293		*wissen, kennen, bringen, denken*
	294	**Gespräch**	**Mach schnell!**
	295	**Lesestück**	**Ein Tag im Leben von . . .**
	301	**Mündliche Zusammenfassung**	

Aufgabe 15

302	**Vokabeln**	
306	**Nomen**	
306	**Struktur**	Verben mit trennbaren Präfixen
308		Verben mit trennbaren Präfixen
310		Verben mit trennbaren Präfixen
310		*Mit modalen Hilfsverben*
312		Verben mit untrennbaren Präfixen
312		Verben mit untrennbaren Präfixen
312		*Mit modalen Hilfsverben*
314	**Gespräch**	**Hast du etwas vor?**
315	**Lesestück**	**Im Ratskeller**
320	**Mündliche Zusammenfassung**	

Appendices

322	**Numbers**
322	**Time**
322	**Days**
322	**Months**
323	**Verbs**
325	**Cases**
326	**Vocabulary**
335	**Index**

Aufgabe 1

1 Das ist Hans.
Hans ist ein Junge.
Hans ist ein Freund von Helga.
Der Junge ist freundlich.
Der Junge ist nicht hässlich.
Der Junge ist intelligent.
Der Junge ist nicht dumm.
Der Freund ist intelligent.
Hans ist deutsch.

2 Das ist Helga.
Helga ist eine Freundin von Hans.
Die Freundin ist hübsch.
Die Freundin ist nicht hässlich.
Die Freundin ist intelligent.
Die Freundin ist nicht dumm.

1

2

3 Das ist Helga.
Helga ist ein Mädchen.
Das Mädchen ist hübsch.
Das Mädchen ist nicht hässlich.
Das Mädchen ist intelligent.
Das Mädchen ist nicht dumm.
Das Mädchen ist deutsch.

3

Übungen

A Beantworten Sie die Fragen, bitte!
1. Ist Hans ein Junge?
2. Wer ist ein Junge?
3. Was ist Hans?
4. Ist Hans freundlich?
5. Wie ist Hans?
6. Ist Helga eine Freundin von Hans?
7. Wer ist eine Freundin von Hans?
8. Was ist Helga?
9. Ist Helga die Freundin von Hans?
10. Wer ist die Freundin von Hans?
11. Ist Helga ein Mädchen?
12. Wer ist ein Mädchen?
13. Was ist Helga?
14. Ist Helga hübsch?
15. Wie ist Helga?

B Ergänzen Sie, bitte!
1. _____ ist ein Junge.
2. _____ ist eine Freundin von Hans.
3. _____ ist ein Mädchen.
4. Peter ist _____, nicht dumm.
5. Erika ist die _____ von Thomas.
6. Das Mädchen ist _____, nicht dumm.
7. Ingrid ist _____, nicht hässlich.

4

1. das Mädchen
2. hässlich
3. dumm
4. der Junge
5. hübsch
6. intelligent

Struktur

Singular des Verbs *sein*

Dritte Person

A.   Wiederholen Sie, bitte!
Peter ist ein Junge.
Erika ist eine Freundin von Helga.
Helga ist ein Mädchen.

B.   Ersetzen Sie, bitte!

| Hans
Peter
Thomas | ist ein Junge. |

| Peter ist | freundlich.
hässlich.
intelligent. |

| Helga
Erika
Ingrid | ist ein Mädchen. |

| Erika ist nicht | deutsch.
hässlich.
dumm. |

C.   Beantworten Sie die Fragen, bitte!

Ist Hans deutsch?
Wer ist deutsch?
Was ist Hans?
Ist Thomas freundlich?
Ist Peter hässlich?
Wie ist Peter?
Ist Klaus intelligent?
Ist der Junge dumm?
Ist Helga eine Freundin von Hans?
Wer ist eine Freundin von Hans?
Wer ist eine Freundin von Peter?
Ist Helga ein Mädchen?
Was ist Helga?
Ist Ingrid hübsch?
Ist Erika hässlich?
Wie ist Erika?
Ist Karin intelligent?
Ist das Mädchen dumm?

Erste Person

A.   Wiederholen Sie, bitte!

Ich bin ein Junge.
Ich bin Hans.
Ich bin eine Freundin von Hans.
Ich bin Helga.
Ich bin ein Mädchen.
Ich bin nicht hässlich.

B.   Beantworten Sie die Fragen, bitte!

Bist du Hans?
Wer bist du?
Bist du ein Junge?
Bist du freundlich?
Bist du hässlich?
Bist du hübsch oder hässlich?

Ein Junge, Tübingen

Bist du intelligent?
Bist du intelligent oder dumm?
Wie bist du?
Bist du Ingrid?
Wer bist du?
Bist du eine Freundin von Thomas?
Bist du eine Freundin von Helga?
Bist du ein Mädchen?
Bist du intelligent?
Bist du dumm?
Bist du dumm oder intelligent?

Zweite Person

A. *Wiederholen Sie, bitte!*

Bist du Hans?
Wer bist du?
Bist du Helga?
Wer bist du?

B. *Ersetzen Sie, bitte!*

Bist du	Erika?
	Karin?
	Ingrid?

Du bist	dumm.
	hübsch.
	intelligent.

Du bist nicht	Peter.
	Hans.
	Klaus.

C. *Folgen Sie den Anweisungen, bitte!*

Fragen Sie Klaus, ob er freundlich ist!
Fragen Sie Ingrid, ob sie intelligent ist!
Fragen Sie Peter, wer er ist!
Fragen Sie Klaus, wie er ist!
Fragen Sie Ingrid, wer sie ist!

Grammatik

The singular of the verb *sein* ("to be") has three forms. Study the following.

> ich bin
> du bist
> Hans ist
> Erika ist

In German every noun is capitalized and every noun has a gender: masculine, feminine, or neuter. The definite article for masculine nouns is *der*. The definite article for feminine nouns is *die*. The definite article for neuter nouns is *das*.

> der Junge
> die Freundin
> das Mädchen

The indefinite article for masculine nouns is *ein*. The indefinite article for feminine nouns is *eine*. The indefinite article for neuter nouns is *ein*.

> ein Junge
> eine Freundin
> ein Mädchen

Die Personalpronomen *er, sie, (es)*

A. *Wiederholen Sie, bitte!*

Hans ist ein Junge.
Er ist ein Junge.
Helga ist eine Freundin von Hans.
Sie ist eine Freundin von Hans.

B. *Ersetzen Sie, bitte!*

Er ist | freundlich.
intelligent.
hässlich.

Sie ist | Helga.
Anni.
Karin.

C. *Beantworten Sie die Fragen nach dem Beispiel, bitte!*

> Ist Karl freundlich? →
> Ja, er ist freundlich.

Ist Thomas hässlich?
Ist Klaus intelligent?
Ist Peter freundlich?
Ist Ingrid intelligent?
Ist Anni hübsch?
Ist Helga eine Freundin von Anni?

Grammatik

The subject pronoun *er* replaces a *der* noun. The subject pronoun *sie* replaces a *die* noun.

> Der Junge ist freundlich.
> Er ist freundlich.

> Die Freundin ist hübsch.
> Sie ist hübsch.

A *das* noun is generally replaced by the pronoun *es*. However, since *das Mädchen* refers specifically to a girl, the pronoun *sie* can be used.

> Das Mädchen ist hübsch.
> Es ist hübsch. (Sie ist hübsch.)

Ein Mädchen und ein Junge, Heidelberg

Gespräch

Wer ist das?

Helene	Wer ist der Junge?
Johanna	Das ist Dieter.
Helene	Er ist freundlich, nicht wahr?
Johanna	Ja, sehr.
Helene	Bist du eine Freundin von Dieter, Johanna?
Johanna	Natürlich!

Fragen

1. Wer ist der Junge?
2. Ist er freundlich?
3. Wie ist er?
4. Ist Johanna eine Freundin von Dieter?

Vokabeln

1 Hans und Dieter sind Jungen.
Hans und Dieter sind Freunde.
Hans ist Dieters Freund.
Hans ist nicht Dieters Bruder.
Die zwei Jungen sind freundlich.
Sie sind auch nett.
Sie sind gross.   Sie sind nicht klein.

1

2 Helga und Ingrid sind Mädchen.
Helga und Ingrid sind Schwestern.
Helga ist Ingrids Schwester.
Die zwei Mädchen sind schlank.
Sie sind nicht dick.

2

Viele Jungen und Mädchen, Tübingen

Übungen

A Beantworten Sie die Fragen, bitte!
1. Sind Hans und Dieter Jungen?
2. Sind die zwei Jungen Freunde?
3. Wer ist Dieters Freund?
4. Sind die zwei Jungen freundlich?
5. Sind sie gross oder klein?
6. Sind Helga und Ingrid Mädchen?
7. Sind sie Schwestern?
8. Wer ist Helgas Schwester?
9. Sind die zwei Mädchen schlank?
10. Wie sind sie nicht?

B Ergänzen Sie, bitte!
1. Hans und Dieter _____ Jungen.
2. Hans _____ Dieters Freund.
3. Helga und Ingrid _____ Mädchen.
4. Die zwei Mädchen _____ schlank.
5. Helga _____ Ingrids Schwester.

11

Struktur

Plural des Verbs *sein*

Dritte Person

A.   *Wiederholen Sie, bitte!*

Hans und Dieter sind Jungen.
Die zwei Jungen sind Freunde.
Ingrid und Peter sind intelligent.
Helga und Ingrid sind Schwestern.
Die zwei Mädchen sind hübsch.
Hans und Helga sind gross.

B.   *Ersetzen Sie, bitte!*

Hans und Dieter sind | Jungen.
Freunde.
Brüder.

Die zwei Mädchen sind | Schwestern.
schlank.
hübsch.

C.   *Beantworten Sie die Fragen, bitte!*

Sind Hans und Dieter Freunde?
Wer sind Freunde?
Sind die Jungen freundlich?
Sind Hans und Dieter gross?
Sind Peter und Thomas klein?
Sind Helga und Ingrid Schwestern?
Sind die Mädchen hübsch?
Sind Helene und Johanna dick?
Sind Therese und Anni gross?

Erste Person

A.   *Wiederholen Sie, bitte!*

Wir sind Freunde.
Wir sind gross.
Wir sind Schwestern.
Wir sind schlank.

B.   *Ersetzen Sie, bitte!*

Wir sind | hübsch.
gross.
klein.
schlank.

Wir sind | Jungen.
Freunde.
Mädchen.
Schwestern.

C.   *Beantworten Sie die Fragen, bitte!*

Sind Sie Freunde?
Sind Sie Schwestern?
Sind Sie Hans und Dieter?
Sind Sie gross?
Sind Sie hübsch?
Sind Sie Helga und Ingrid?
Sind Sie schlank?

D.   *Beantworten Sie die Fragen, bitte!*

Seid ihr Freunde?
Seid ihr Schwestern?
Seid ihr Hans und Dieter?
Seid ihr gross?
Seid ihr hübsch?
Seid ihr Helga und Ingrid?
Seid ihr schlank?

Zweite Person

A.   *Wiederholen Sie, bitte!*

Seid ihr Brüder?
Seid ihr Schwestern?
Seid ihr Freunde?
Seid ihr Thomas und Peter?

B. Ersetzen Sie, bitte!

Ihr seid
| Brüder.
| Freunde.
| Freundinnen.
| Schwestern.
| Jungen.
| Mädchen.

C. Folgen Sie den Anweisungen, bitte!

Fragen Sie die Mädchen, ob sie Schwestern sind!
Fragen Sie die Jungen, ob sie Brüder sind!
Fragen Sie die Jungen, ob sie Freunde sind!
Fragen Sie die Mädchen, ob sie hübsch sind!
Fragen Sie die Jungen, ob sie gross sind!

Höflichkeitsform

A. Wiederholen Sie, bitte!

Sind Sie Schwestern?
Sind Sie Brüder?
Sind Sie intelligent?

B. Ersetzen Sie, bitte!

Sie sind
| intelligent.
| hübsch.
| klein.
| schlank.

C. Folgen Sie den Anweisungen, bitte!

Fragen Sie die Fräulein, ob sie Schwestern sind.
Fragen Sie die Herren, ob sie Brüder sind.
Fragen Sie die Frauen, ob sie Freundinnen sind.

D. Wiederholen Sie, bitte!

Sind Sie intelligent, Herr Schmitt?
Sind Sie eine Freundin von Klaus, Fräulein Koch?
Sind Sie Ingrids Schwester, Frau Weiss?

E. Ersetzen Sie, bitte!

Sie sind intelligent,
| Herr Dietrich.
| Fräulein Hülsenbach.
| Frau Kretsch.

F. Folgen Sie den Anweisungen, bitte!

Sagen Sie dem Fräulein, dass sie hübsch ist!
Sagen Sie dem Herrn, dass er intelligent ist!
Fragen Sie die Frau, ob sie Erikas Freundin ist!

Grammatik

Study the following plural forms of the verb *sein.*

  wir sind
  ihr seid
  Hans und Ingrid sind
  Sie sind

You will note that in German there are three ways to say "you."
When speaking to a person whom you know well, *du* is used.

  Du bist intelligent, Karl.

When speaking to two or more people whom you know well, *ihr* is used.

Ihr seid intelligent, Dieter und Erika.

However, when speaking to either one or more persons whom you do not know well, or persons to whom you wish to show respect, the formal form *Sie* must be used.

Herr Schmitt und Herr Dietrich, sind Sie Brüder?
Frau Weiss, Sie sind intelligent.

Note that the pronoun *Sie* is capitalized when it means "you."

Ein Freund und eine Freundin, Tübingen

The plural definite article for *der, die,* and *das* nouns is *die.*

singular	*plural*
der Junge	die Jungen
die Schwester	die Schwestern
das Mädchen	die Mädchen

In each lesson you will be given a list of the plural forms of each noun that you learn in the lesson. Other nouns that have appeared in this lesson are:

singular	*plural*
der Freund	die Freunde
der Bruder	die Brüder
die Freundin	die Freundinnen

Das Personalpronomen *sie*

Plural

A. *Wiederholen Sie, bitte!*

Die beiden Jungen sind nett.
Sie sind nett.
Die beiden Mädchen sind hübsch.
Sie sind hübsch.
Das Mädchen und der Junge sind nett.
Sie sind nett.

B. *Beantworten Sie die Fragen nach dem Beispiel, bitte!*

Sind Marie und Ingrid hübsch? →
Ja, sie sind hübsch.

Sind Marie und Luise Schwestern?
Sind Hans und Klaus Brüder?
Sind die Mädchen hübsch?
Sind Karl und Dieter Freunde?
Sind Klaus und Anni klein?

Grammatik

The subject pronoun that replaces masculine, feminine, and neuter plural nouns is *sie.*

Die Jungen sind gross.
Sie sind gross.
Die Schwestern sind intelligent.
Sie sind intelligent.
Die Mädchen sind hübsch.
Sie sind hübsch.

15

Gespräch

Wer sind sie?

Peter	Du, wer sind denn die Mädchen da?
Erich	Das sind Erika und Inge.
Peter	Die sind aber hübsch!
Erich	Inge ist hübsch, ja.
Peter	Nur Inge? Erika ist auch hübsch.
Erich	Ja, aber sie ist meine Schwester!

Fragen

1. Sind Peter und Erich Freunde?
2. Wer sind die Mädchen?
3. Sind sie hübsch?
4. Wer ist Erika?

Lesestück

aber	*but*
die beiden	*both, the two*
auch	*also*
denn	*because*

Zwei Freunde

Dieter und Robert sind Freunde. Dieter ist Roberts Freund, und Robert ist Dieters Freund. Dieter ist gross, aber Robert ist nicht so gross. Die beiden Jungen sind nett. Sie sind auch intelligent.

Helene und Helga sind zwei Mädchen. Sie sind sehr hübsch. Die beiden Mädchen sind auch intelligent. Helene ist Dieters Schwester. Das ist ja wunderbar für Helga, denn Dieter ist gross, nett und intelligent.

Fragen

1. Wer sind Freunde?
2. Wer ist der Freund von Robert?
3. Ist Dieter gross?
4. Ist Robert gross?
5. Wie sind die beiden Jungen?
6. Wer sind die beiden Mädchen?
7. Wer ist Dieters Schwester?
8. Wer ist Helenes Freundin?
9. Wie ist Dieter?

17

Übungen zum Schreiben

A   *Complete the following sentences with the appropriate word.*

1. Hans ist ein _____.
2. Helga ist ein _____.
3. Helga ist eine _____ von Hans.
4. Helga ist _____, nicht hässlich.
5. Inge ist _____, nicht dumm.

B   *Complete the following with the appropriate question word.*

1. Das ist Marie. _____ ist das?
2. Marie ist ein Mädchen. _____ ist Marie?
3. Marie ist hübsch. _____ ist Marie?
4. Hans ist gross. _____ ist gross?
5. Das ist Robert. _____ ist das?

C   *Complete the following with the correct form of the verb* sein.

1. Ich _____ nicht dumm.
2. Ingrid _____ hübsch.
3. Thomas _____ intelligent.
4. _____ du dumm?
5. Was _____ Robert?
6. Ich _____ intelligent.
7. Brigitte _____ nicht hässlich.
8. Wer _____ das?
9. Klaus _____ nicht dumm.
10. Du _____ ein Junge.

D   *Complete the following with the correct indefinite article.*

1. Marie ist _____ Freundin von Ingrid.
2. Marie ist _____ Mädchen.
3. Klaus ist _____ Freund von Thomas.
4. Thomas ist _____ Junge.
5. Dieter ist _____ Freund von Anni.

E   *Complete the following with the correct definite article.*

1. _____ Mädchen ist hübsch.
2. _____ Junge ist ein Freund von Ingrid.
3. _____ Freundin ist nicht dumm.
4. _____ Mädchen ist _____ Freundin von Thomas.
5. _____ Junge ist intelligent.

Rewrite the following. Substitute the noun with er *or* sie.

1. Hans ist nett.
2. Gerda ist nicht hässlich.
3. Das Mädchen ist nicht dumm.
4. Anton ist hässlich.
5. Der Junge ist ein Freund von Helga.

Ein Junge und ein Mädchen, Tübingen

G *Give the opposite of the following words.*

1. das Mädchen
2. der Bruder
3. dick
4. hässlich
5. dumm

6. hübsch
7. gross
8. schlank
9. ein Freund
10. klein

H *Complete the following with the correct form of* sein.

1. Dieter und Klaus _____ Freunde.
2. Wir _____ schlank.
3. Dieter und Klaus, _____ ihr Freunde?
4. Die beiden Mädchen _____ gross.
5. _____ ihr Brüder, Thomas und Erich?
6. Anni und Petra _____ Schwestern.
7. Petra und Anni, _____ ihr Schwestern?

I *Rewrite the following in the plural. Make all necessary changes.*

1. Das Mädchen ist hübsch.
2. Der Freund ist gross.
3. Sie ist klein.
4. Die Schwester von Klaus ist dick.
5. Sie ist schlank.
6. Der Junge ist klein.
7. Der Bruder ist hässlich.

J *Rewrite the following changing* Hans *to* Helga.

Hans ist ein Junge. Er ist nicht hässlich. Er ist sehr nett und freund-lich. Hans ist gross, nicht klein. Er ist der Freund von Robert. Er ist der Bruder von Marie.

K *Rewrite the following, substituting the subject with* sie.

1. Peter und Dieter sind Brüder.
2. Petra und Susanne sind schlank.
3. Die beiden Mädchen sind hübsch.
4. Die beiden Jungen sind gross.

L *Answer the following questions in paragraph form.*

Ist Dieter ein Junge?
Ist er nett?
Ist Dieter schlank?
Ist Inge ein Mädchen?
Ist sie hübsch?
Ist Inge eine Freundin von Dieter?

Mündliche Zusammenfassung

Aufgabe 2

Vokabeln

1   Es ist Sommer.
Es ist warm.
Die Sonne scheint.
Das Wetter ist schön.
Gisela mietet einen Strandkorb.

2   Das ist die Nordsee.
Das ist der Strand.
Axel schwimmt im Wasser.
Das Wasser ist warm.
Karin liegt im Sand.

3   Ute sitzt im Strandkorb.
Detlev spielt mit Thomas Ball.
Karl spielt Gitarre.
Karin singt.
Thomas baut ein Schloss im Sand.
Viele Leute sind am Strand.

4 Axel geht am Strand entlang.
Axel geht mit Karin am Strand entlang.
Gisela findet Muscheln.

4

5 Am Strand ist ein Café.
Detlev trinkt eine Limonade.
Ute bestellt ein Eis.

5

Übungen

A Beantworten Sie die Fragen, bitte!
1. Schwimmt Axel im Wasser?
2. Wer liegt im Sand?
3. Sitzt Ute im Strandkorb?
4. Spielt Detlev Ball?
5. Was baut Thomas?
6. Mit wem geht Axel am Strand entlang?
7. Spielt Karl Gitarre?
8. Wer singt?
9. Wo ist ein Café?
10. Was trinkt Detlev?
11. Schwimmt der Junge im Sommer?
12. Wann schwimmt der Junge?

B Ergänzen Sie, bitte!
1. Es ist _____ im Sommer.
2. Die Sonne _____ im Sommer.
3. Axel _____ im Wasser.
4. Karin liegt im _____.
5. Detlev _____ Ball.
6. Karin _____, und Karl spielt _____.
7. Axel _____ am Strand entlang.
8. Detlev _____ eine Limonade.
9. Ute _____ ein Eis.
10. Ute sitzt im _____.

Der Strand, Sylt

Die Nordsee

Struktur

Verben

Singular

Dritte Person

A. Wiederholen Sie, bitte!

Detlev spielt Ball.
Der Junge schwimmt.
Karin liegt im Sand.
Das Mädchen sitzt im Korb.

B. Ersetzen Sie, bitte!

Axel | liegt / sitzt / spielt | im Wasser.

Karin | geht. / liegt. / sitzt.

Gisela | mietet / findet | einen Strandkorb.

C. Beantworten Sie die Fragen, bitte!

Bestellt Ute ein Eis im Café?
Trinkt Detlev eine Limonade?
Was trinkt Detlev?
Spielt Erika Ball?
Mit wem spielt Erika Ball?
Singt Ingrid?
Schwimmt Axel?
Schwimmt er im Sommer?
Findet Gisela Muscheln?
Was findet Gisela?
Mietet Thomas einen Strandkorb?
Was mietet Thomas?

Erste Person

A. Wiederholen Sie, bitte!

Ich schwimme im Wasser.
Ich liege im Sand.
Ich sitze im Strandkorb.

B. Ersetzen Sie, bitte!

Ich | sitze / liege / spiele | im Sand.

26

C. Beantworten Sie die Fragen, bitte!

Bestellst du ein Eis?
Bestellst du eine Limonade?
Was bestellst du?
Spielst du Ball?
Spielst du Ball am Strand?
Mit wem spielst du Ball?
Wo spielst du Ball?
Spielst du im Sommer Ball?
Wann spielst du Ball?
Schwimmst du?
Schwimmst du gut?
Wo schwimmst du?
Wie schwimmst du?
Singst du?
Findest du Muscheln?
Was findest du?
Mietest du einen Strandkorb?
Was mietest du?

Zweite Person

A. Wiederholen Sie, bitte!

Schwimmst du gut?
Spielst du Ball?
Trinkst du eine Cola?

B. Ersetzen Sie, bitte!

Du | spielst / schwimmst / singst | gut.

Schwimmst / Liegst / Sitzt | du im Wasser?

C. Folgen Sie den Anweisungen, bitte!

Fragen Sie Frank, ob er schwimmt!
Fragen Sie Thomas, wo er schwimmt!
Fragen Sie Erika, ob sie eine Cola bestellt!
Fragen Sie Anita, was sie bestellt!
Fragen Sie Klaus, ob er eine Limonade trinkt!
Fragen Sie Dieter, ob er Wasser trinkt!

Grammatik

Most German verbs are conjugated in the same way. To form the present tense, drop the infinitive ending -en and add the following personal endings: -e, -st, -t.

spielen	schwimmen	trinken
ich spiele	ich schwimme	ich trinke
du spielst	du schwimmst	du trinkst
er spielt	er schwimmt	er trinkt
sie spielt	sie schwimmt	sie trinkt

Verbs ending in -d and -t have an extra syllable in the second and third persons.

finden	mieten
ich finde	ich miete
du findest	du mietest
er findet	er mietet

Note also the spelling of the verb *sitzen*. If the stem of the infinitive ends with *-tz*, only *-t* is added for the second and third persons.

ich sitze
du sitzt
er sitzt

Zusammenfassung

Folgen Sie dem Beispiel, bitte!

Ich trinke eine Cola. Und Hans? →
Hans trinkt auch eine Cola.

Du schwimmst. Und Anita?
Ute sitzt im Strandkorb. Und du?
Ich bestelle eine Limonade. Und der Junge?
Er singt. Und Erika?
Sie spielt Gitarre. Und du?
Axel geht am Strand entlang. Und sie?
Ich finde Muscheln. Und Karin?
Ingrid mietet einen Strandkorb. Und du?

Das Wort *gern*

A. *Wiederholen Sie, bitte!*

Helga schwimmt gern.
Peter spielt gern Fussball.
Ich bestelle gern eine Limonade.

B. *Ersetzen Sie, bitte!*

Ich spiele gern	Tennis.
	Fussball.
	Tischtennis.

Axel	spielt	gern.
	singt	
	schwimmt	

C. *Beantworten Sie die Fragen, bitte!*

Schwimmst du gern?
Liegst du gern im Sand?
Spielst du gern Tennis?
Sitzt du gern im Strandkorb?

Geht Axel gern am Strand entlang?
Bestellt Karin gern ein Eis?
Schwimmt Ingrid gern im Wasser?
Spielt Thomas gern Gitarre?

Grammatik

The word *gern* with a verb expresses liking.

Klaus schwimmt. Klaus swims.
Klaus schwimmt gern. Klaus likes to swim.
Ich spiele Ball. I play ball.
Ich spiele gern Ball. I like to play ball.

Gespräch

Am Strand

Karin	Gehen wir am Strand entlang!
Peter	Gute Idee. Es ist ja so warm.
Karin	Schwimmst du gut, Peter?
Peter	Natürlich. Und du?
Karin	Nicht besonders. Ich liege aber sehr gern im Sand.
Peter	Schade. Spielen wir Ball?
Karin	Nein, es ist doch zu warm.
Peter	Na ja, ich gehe schwimmen. Tschüss!

Fragen

1. Wie ist das Wetter?
2. Ist Karin eine Freundin von Peter?
3. Schwimmt Peter gut?
4. Wie schwimmt Karin?
5. Spielen Karin und Peter Ball?
6. Warum nicht?
7. Wer geht schwimmen?

29

Vokabeln

1 Die Freunde bleiben zwei
     Stunden am Strand.
    Sie mieten Strandkörbe.
    Sie hören Musik im Kofferradio.

2 Viele Dünen sind am Strand.
    Die Kinder suchen Steine.
    Die Kinder finden Steine am Strand.

3 Jutta und Johann fischen.
    Horst und Hans rennen
      am Strand entlang.

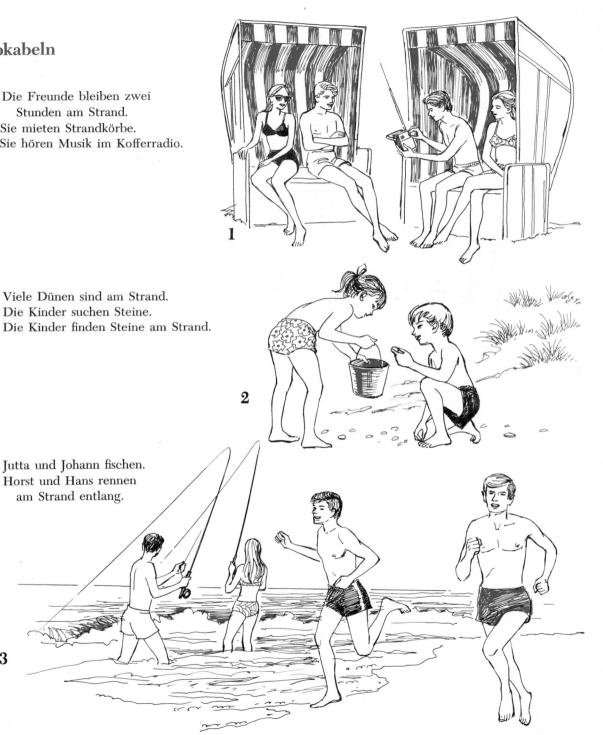

Übungen

Beantworten Sie die Fragen, bitte!

1. Bleiben die Freunde zwei Stunden am Strand?
2. Wie lange bleiben die Freunde am Strand?
3. Was mieten sie?
4. Was hören sie im Kofferradio?
5. Wo sind viele Dünen?
6. Was suchen die Kinder?
7. Finden die Kinder Steine?
8. Wo finden die Kinder Steine?
9. Fischen Jutta und Johann?
10. Rennen Horst und Hans am Strand entlang?

Cuxhaven, an der Nordsee Küste

Struktur

Verben

Plural

Dritte Person

A. *Wiederholen Sie, bitte!*

Ingrid und Jutta hören Musik.
Sie mieten Strandkörbe.
Die Freunde singen.

B. *Ersetzen Sie, bitte!*

Sie | schwimmen / spielen / fischen | im Wasser.

Die Mädchen | sitzen / liegen / bleiben | am Strand.

C. *Beantworten Sie die Fragen, bitte!*

Schwimmen Hans und Dieter?
Schwimmen sie im Wasser?
Liegen Karin und Erika im Sand?
Liegen sie am Strand?

Wo liegen die Mädchen?
Sitzen Ute und Detlev?
Gehen sie am Strand entlang?
Rennen sie am Strand entlang?
Finden die Kinder Steine?

Erste Person

A. *Wiederholen Sie, bitte!*

Wir schwimmen im Wasser.
Wir spielen am Strand.
Wir liegen im Sand.

B. *Ersetzen Sie, bitte!*

Wir | schwimmen. / rennen. / singen.

Wir hören Musik
Wir bleiben zwei Stunden
Wir liegen
Wir suchen Steine | am Strand.

C. *Beantworten Sie die Fragen, bitte!*

Schwimmen Sie?
Schwimmen Sie viel?
Liegen Sie oft im Sand?

Viele Leute schwimmen im Sommer

Ostseebad, Kiel: Viele Leute sitzen in Strandkörben

Bleiben Sie zwei Stunden am Strand?
Wie lange bleiben Sie am Strand?
Bestellen Sie Eis?
Trinken Sie gern Limonade?
Was trinken Sie gern?
Suchen Sie Muscheln am Strand?

Schwimmt ihr?
Schwimmt ihr viel?
Liegt ihr oft im Sand?
Bleibt ihr zwei Stunden am Strand?
Wie lange bleibt ihr am Strand?
Bestellt ihr Eis?
Trinkt ihr gern Limonade?
Was trinkt ihr gern?
Sucht ihr Muscheln am Strand?

Zweite Person

A. *Wiederholen Sie, bitte!*

Ihr schwimmt gut?
Ihr liegt im Sand?
Ihr sucht Steine?

B. *Ersetzen Sie, bitte!*

Ihr | sitzt / liegt / spielt | im Wasser.

Ihr | rennt / fischt / liegt | am Strand.

33

C. Folgen Sie den Anweisungen, bitte!

Fragen Sie die Jungen, ob sie schwimmen!
Fragen Sie die Mädchen, ob sie viel schwimmen!
Fragen Sie die Mädchen, ob sie gut schwimmen!
Fragen Sie die Jungen, ob sie Steine suchen!
Fragen Sie die Jungen, ob sie Muscheln suchen!

Höflichkeitsform

A. Wiederholen Sie, bitte!

Sie schwimmen gut?
Sie liegen im Sand?
Suchen Sie Steine?

B. Ersetzen Sie, bitte!

Sie | sitzen
liegen
spielen | im Wasser.

Sie | rennen
fischen
liegen | am Strand.

C. Folgen Sie den Anweisungen, bitte!

Fragen Sie die Damen, ob sie oft im Sand liegen!
Fragen Sie die Herren, ob sie rennen!
Fragen Sie die Herren, ob sie viel am Strand liegen!

D. Wiederholen Sie, bitte!

Schwimmen Sie, Herr Meyer?
Bestellen Sie ein Eis, Fräulein Carsten?
Trinken Sie eine Cola, Frau Schmidt?

E. Ersetzen Sie, bitte!

Sitzen
Singen | Sie, Fräulein?
Trinken

F. Folgen Sie den Anweisungen, bitte!

Fragen Sie den Herrn, ob er gut schwimmt!
Fragen Sie das Fräulein, ob sie Wasser trinkt!
Fragen Sie die Frau, ob sie ein Eis bestellt!

Grammatik

Study the following plural forms of regular verbs. Note that the first and third persons plural are the same as the infinitive.

schwimmen	*trinken*	*bleiben*
wir schwimmen	wir trinken	wir bleiben
ihr schwimmt	ihr trinkt	ihr bleibt
sie schwimmen	sie trinken	sie bleiben

Note that the second person plural of verbs ending in *-d* and *-t* has an extra syllable.

wir finden	wir mieten
ihr findet	ihr mietet
sie finden	sie mieten

Notice that in the polite form, when addressing one or more adults, *Sie* rather than *du* is used. The verb ending for this form is always the same as the infinitive ending.

Schwimmst du, Peter?   Schwimmen Sie, Herr Meyer?

Trinkst du eine Cola, Ingrid?   Trinken Sie eine Cola, Fräulein Schmitt und Herr Meyer?

Zusammenfassung

Folgen Sie dem Beispiel, bitte!

> Karl schwimmt.   Und ihr?   →
> Wir schwimmen auch.

Sie liegen im Sand.   Und du?
Die Mädchen gehen am Strand entlang.   Und die Jungen?
Robert sitzt im Strandkorb.   Und Sie?
Ich suche Muscheln.   Und ihr?
Thomas und Detlev bauen ein Sandschloss.   Und Axel?
Therese trinkt eine Limonade.   Und er?
Wir bestellen ein Eis.   Und ihr?

Nomen

A.   *Beantworten Sie die Fragen, bitte!*

Ist der Sommer schön?
Ist der Strand gross?
Ist der Sand warm?
Ist der Strandkorb klein?
Ist der Ball gross?
Ist der Fisch gross?
Ist der Stein klein?

Scheint die Sonne?
Ist die Muschel am Strand?
Ist die Limonade gut?
Ist die Musik modern?
Ist die Düne gross?

Ist das Wetter schön im Sommer?
Ist das Wasser warm?
Ist das Café am Strand?
Ist das Eis gut?
Ist das Kind klein?

B.   *Ersetzen Sie, bitte!*

Die | Sommer / Kinder / Muscheln / Dünen | sind schön.

Die | Strände / Körbe / Steine / Fische / Cafés / Dünen | sind klein.

C.   *Folgen Sie dem Beispiel, bitte!*

> Das Kind ist klein.   →
> Die Kinder sind klein.

Der Sommer ist schön.
Der Korb ist klein.
Der Stein ist gross.
Die Düne ist schön.
Das Kind ist hübsch.

Grammatik

The nouns presented in this chapter are:

Singular	Plural		Singular	Plural
der Sommer	die Sommer		die Düne	die Dünen
der Stein	die Steine		die Stunde	die Stunden
der Strand	die Strände		die Gitarre	die Gitarren
der Ball	die Bälle		die Musik	
der Strandkorb	die Strandkörbe			
			das Café	die Cafés
die Muschel	die Muscheln		das Kind	die Kinder
die Limonade	die Limonaden		das Wasser	

Am Strand ist ein Café, Helgoland

Gespräch

Im Café

Jutta	Du, da drüben ist ein Café.
Uwe	Gehen wir dorthin!
Jutta	Da sind ja auch Gerda und Thomas. Gerda, wie lange bleibt ihr hier?
Gerda	So eine Stunde.
Uwe	Prima! Wir auch.
Gerda	Warum gehen wir nicht später schwimmen?
Thomas	Das ist eine gute Idee. Schwimmen wir!

Fragen

1. Was findet Jutta?
2. Sind Gerda und Thomas auch im Café?
3. Wie lange bleiben sie im Café?
4. Was machen sie später?

Aussprache

a	*a*	*e*	*e*	*ə*
Karin	Hans	wen	wenn	bitte
Radio	Wasser	den	denn	Sonne
baden	Axel	Peter	entlang	finde
da	das	geht	Wetter	Gitarre
	was	See	nett	
	Sand	Erika		
	Ball			

i	*i*	*o*	*o*
Luise	im	wo	Sommer
Karin	ist	Thomas	Sonne
Gisela	findet	Johanna	Koffer
	sind	gross	
	dick		
	intelligent		

u	*u*
Susanne	dumm
suchen	Junge
	Stunde

Im Café trinkt der Junge eine Limo

Lesestück

die Insel   *island*
Ferien . . . machen
   to vacation
gewöhnlich   *usually*
die Woche   *week*

immer   *always*

jeden Tag   *every day*
wenigstens   *at least*
nach   *after*

Sommer an der Nordsee

An der Nordsee Küste sind viele Inseln, zum Beispiel: Amrum, Sylt, Langeroog, Spikeroog. Viele Leute machen hier gewöhnlich im Sommer ein oder zwei Wochen Ferien. Sie bleiben in Hotels, Gasthäusern oder Pensionen.

Die Inseln sind sehr schön. Der Sand ist warm und fein. Die Leute gehen am Strand entlang und wandern in den Dünen.

Die Familie Bauer aus Hannover macht immer im Sommer auf Amrum Ferien. Uwe und Klaus Bauer haben hier viele Freunde und Freundinnen. Sie sind aus Bremen und Braunschweig. Die Mädchen und Jungen bleiben jeden Tag wenigstens drei Stunden am Strand. Sie schwimmen, spielen Ball, sitzen im Strandkorb und liegen im Sand. Nach zwei, drei Stunden gehen sie ins Café und bestellen Eis oder Limonade.

Fragen

1. Wo sind viele Inseln?
2. Wie heissen die Inseln?
3. Was machen viele Leute hier im Sommer?
4. Wo bleiben die Leute?
5. Sind die Inseln schön?
6. Wie ist der Sand?
7. Was machen die Leute gern?

8. Ist die Familie Bauer aus Hannover?
9. Wo macht die Familie Bauer Ferien?
10. Haben Uwe und Klaus Bauer hier Freunde?
11. Sind die Freunde und Freundinnen aus Bremen und Braunschweig?
12. Wie lange bleiben die Mädchen und Jungen am Strand?
13. Was machen sie jeden Tag?
14. Wohin gehen sie nach zwei, drei Stunden?
15. Was bestellen sie?

Übungen zum Schreiben

A *Complete the following with an appropriate word.*
1. Die Sonne _____ im Sommer.
2. Axel schwimmt im _____.
3. Ute _____ im Strandkorb.
4. Das Wetter ist schön im _____.
5. Detlev _____ mit Erika Ball.
6. Axel geht am Strand _____.
7. Karl spielt _____.
8. Ute _____ ein Eis.
9. Am Strand ist ein _____.
10. Karin _____ im Sand.

B *Complete with the correct form of the verb in italics.*
1. Er _____ im Wasser. *schwimmen*
2. Ich _____ im Sand. *liegen*
3. Karin _____ im Strandkorb. *sitzen*
4. _____ du Ball? *spielen*
5. Thomas _____. *singen*
6. Der Junge _____ gut. *schwimmen*
7. Ute _____ eine Limonade. *bestellen*
8. Ich _____ gern am Strand entlang. *gehen*
9. Das Mädchen _____ eine Cola. *trinken*
10. _____ du eine Cola? *bestellen*

C *Form sentences from the following.*
1. Axel / finden / Muscheln.
2. Gisela / mieten / einen / Strandkorb.
3. Er / sitzen / im / Strandkorb.
4. Junge / finden / Muscheln.
5. Sie / mieten / Strandkörbe.
6. Mädchen / sitzen / im / Strandkorb.

D *Complete with the appropriate word to express the idea "to like."*

1. Ich trinke _____ Cola.
2. Gehst du _____ ins Café?
3. Karin schwimmt _____ .
4. Spielst du _____ Fussball?
5. Ich bestelle _____ ein Eis.

E *Complete the following with an appropriate word.*

1. Sie hören Musik im _____ .
2. Die Freunde _____ zwei Stunden am Strand.
3. Die Kinder finden _____ am Strand.
4. Viele _____ sind am Strand.
5. Die zwei Freunde _____ am Strand entlang.
6. Kinder suchen _____ .

F *Complete with the correct form of the verb in italics.*

1. Axel und Klaus _____ . *schwimmen*
2. Die beiden Jungen _____ gern. *singen*
3. Wir _____ gern im Sand. *spielen*
4. Ihr _____ eine Limonade. *bestellen*
5. _____ Sie am Strand entlang? *gehen*
6. Wir _____ Limonade. *bestellen*
7. Die Leute _____ Strandkörbe. *mieten*
8. Die Kinder _____ Steine. *finden*

G *Rewrite the following sentences in the plural.*

1. Ich spiele Ball.
2. Der Junge schwimmt gut.
3. Das Mädchen sitzt im Strandkorb.
4. Liegst du gern im Sand?
5. Geht sie am Strand entlang?

H *Rewrite the following sentences in the singular.*

1. Wir finden Steine.
2. Die Jungen suchen Muscheln.
3. Schwimmt ihr gut?
4. Trinken sie Cola?
5. Rennen Sie gern am Strand entlang?

I *Rewrite the following in the polite form,* Sie.

1. Spielst du Ball?
2. Du schwimmst gut.
3. Gehst du gern am Strand entlang?

4. Du spielst im Sand.
5. Sitzt du im Strandkorb?

J *Complete the following sentences with the correct form of the definite article.*

1. _____ Sommer ist schön.
2. Ist _____ Limonade gut?
3. _____ Strandkorb ist klein.
4. _____ Wetter ist warm.
5. _____ Eis ist gut.
6. _____ Stein ist klein.
7. _____ Café ist am Strand.
8. _____ Musik ist modern.
9. _____ Kind ist nicht gross.

K *Rewrite the following sentences in the plural.*

1. Die Düne ist gross.
2. Das Kind ist am Strand.
3. Der Stein ist schön.
4. Der Korb ist klein.
5. Das Café ist gut.
6. Die Muschel ist im Wasser.
7. Der Ball ist am Strand.
8. Der Strand ist gross.

L *Form sentences according to the model.*

Axel / gehen / Karin / Strand / entlang. →
Axel geht mit Karin am Strand entlang.

1. Dieter / schwimmen / Gerda / Wasser.
2. Detlev / spielen / Erika / Ball.
3. Horst und Hans / rennen / Strand / entlang.
4. Jungen / liegen / im / Sand.

M *Answer the following questions in paragraph form.*

Ist es Sommer?
Ist es warm?
Bleiben Klaus und Jutta jeden Tag zwei Stunden am Strand?
Gehen sie gern am Strand entlang?
Schwimmt Klaus gut?
Schwimmt Jutta auch gut?
Gehen Klaus und Jutta nach zwei Stunden ins Café?
Bestellen sie da Eis und Limonade?

Mündliche Zusammenfassung

Aufgabe 3

1 Heute ist Donnerstag.
   Es ist Donnerstagnachmittag.
   Es ist Gerhards Geburtstag.
   Der Geburtstagskuchen schmeckt gut.
   Der Kuchen ist frisch.
   Er ist noch warm.

2 Ruth kauft ein Geburtstagsgeschenk für Gerhard.
   Das Geburtstagsgeschenk ist für Gerhard.
   Ruth kauft eine Platte.
   Sie kauft auch einen Schlips.
   Sie kauft die Platte für fünfzehn Mark.
   Die Platte kostet fünfzehn Mark.
   Sie kauft den Schlips für zehn Mark.

3 Onkel Karl und Tante Anna schicken ein Paket.
   Sie schicken einen Fussball.
   Der Fussball ist aus Leder.
   Gerhard braucht den Fussball.

1

2

3

45

4 Die Mutter macht das
     Abendessen.
    Erika deckt den Tisch.
    Gerhard bringt den Schinken
     und den Käse ins Esszimmer.
    Ruth bringt das Brot und
     die Butter.
    Gerhard holt auch den Wein.
    Der Wein ist kalt.

5 Gerhard schreibt einen Brief.
    Onkel Karl und Tante Anna bekommen den Brief Montag.
    Sie bekommen kein Paket.

Übungen

A Beantworten Sie die Fragen, bitte!
1. Was ist Donnerstag?
2. Ist es Donnerstagnachmittag?
3. Wie schmeckt der Kuchen?
4. Was kauft Ruth?
5. Ist das Geburtstagsgeschenk für Gerhard?
6. Was schicken Onkel Karl und Tante Anna?
7. Ist der Fussball aus Leder?
8. Was macht die Mutter?
9. Was bringt Gerhard ins Esszimmer?
10. Was holt Gerhard auch?
11. Was schreibt Gerhard?
12. Wann bekommen Onkel Karl und Tante Anna den Brief?

B Ergänzen Sie, bitte!
1. Donnerstag ist Gerhards _____.
2. Ruth kauft ein _____.
3. Onkel Karl und Tante Anna _____ einen Fussball.
4. Der Geburtstagskuchen _____ gut.
5. Mutter macht das _____.
6. Gerhard schreibt einen _____.

Erika deckt den Tisch, Heidelberg

Nomen

A. Ersetzen Sie, bitte!

Der Kuchen
Der Schlips
Der Tisch
Die Platte   ist hier.
Die Mutter
Das Geschenk
Das Leder

Der Kuchen
Der Käse
Der Schinken
Der Wein   schmeckt gut.
Die Butter
Das Abendessen
Das Brot

B. Beantworten Sie die Fragen, bitte!

Ist heute der Geburtstag von Gerhard?
Schmeckt der Kuchen?
Ist der Fussball aus Leder?
Ist der Tisch gross?
Ist der Käse frisch?
Kostet die Platte fünfzehn Mark?
Ist die Mutter nett?

Ist das Abendessen gut?
Schmeckt das Brot?
Ist das Geschenk für Gerhard?

C. Ersetzen Sie, bitte!

Schlipse
Tische
Weine
Die   Briefe   sind hier.
Geschenke
Pakete
Brote

Platten?
Wo sind die   Kuchen?
Mütter?

D. Folgen Sie dem Beispiel, bitte!

Der Wein ist gut. Und die Brote? →
Die Brote sind auch gut.

Die Musik ist modern. Und die Schlipse?
Der Kuchen ist für Hans. Und die Geschenke?
Das Brot ist warm. Und die Kuchen?
Der Fussball ist gross. Und die Pakete?
Das Esszimmer ist klein. Und die Tische?
Der Kuchen ist für Gerhard. Und die Platten?

Grammatik

The nouns presented in this lesson are:

Singular	Plural		Singular	Plural
der Geburtstag	die Geburtstage		die Platte	die Platten
der Schlips	die Schlipse		die Mutter	die Mütter
der Tisch	die Tische		die Butter	
der Wein	die Weine			
der Brief	die Briefe		das Geschenk	die Geschenke
der Fussball	die Fussbälle		das Paket	die Pakete
der Kuchen	die Kuchen		das Brot	die Brote
der Käse			das Abendessen	die Abendessen
der Schinken			das Esszimmer	die Esszimmer
			das Leder	

Gerhard bekommt keinen Mercedes

Struktur

Nominativ und Akkusativ

Nominativ

A.   Wiederholen Sie, bitte!

Der Fussball ist für Gerhard.
Ein Fussball ist aus Leder.
Kein Fussball ist hier.
Die Platte kostet zehn Mark.
Eine Platte kostet zehn Mark.
Keine Platte kostet zehn Mark.
Das Paket ist für Gerhard.
Ein Paket ist für Gerhard.
Kein Paket ist für Gerhard.

B.   Ersetzen Sie, bitte!

Der (ein) (kein) | Schlips / Fussball / Kuchen | kostet zehn Mark.

Die (eine) (keine) | Tante / Schwester / Freundin | ist hier.

Das (ein) (kein) | Geschenk / Paket | ist für Gisela.

C.   Beantworten Sie die Fragen, bitte!

Was kostet der Schlips?
Ist der Schlips für Gerhard?
Ist der Fussball aus Leder?
Wie schmeckt der Kuchen?
Kostet die Platte zwanzig Mark?
Ist die Platte für Erika?
Ist die Tante in Amerika?
Ist die Butter frisch?
Ist das Geschenk für Gerhard?
Ist das Paket von Tante Anna?
Ist das Geburtstagsgeschenk schön?
Wie ist das Wetter?
Kostet ein Schlips zehn Mark?
Ist das ein Brief von Ruth?
Ist die Tante alt?
Ist ein Geschenk für Gerhard da?

D.   Folgen Sie dem Beispiel, bitte!

Ein Schlips kostet fünf Mark. →
Kein Schlips kostet fünf Mark.

Ein Freund ist hier.
Eine Platte ist für Hans.
Ein Kuchen ist warm.
Ein Paket ist für Gisela.
Ein Tisch ist im Esszimmer.
Ein Mädchen schwimmt.
Eine Freundin bestellt die Limonade.

Grammatik

All German nouns are either masculine, feminine, or neuter. The corresponding definite articles are *der, die, das*. The indefinite articles are *ein, eine, ein*. These forms of the articles are in the nominative case and accompany the noun when it is used as the subject of the sentence.

Der Schlips kostet 15 Mark.	Ein Schlips kostet 15 Mark.
Die Platte ist hier.	Eine Platte ist hier.
Das Geschenk ist für Gerhard.	Ein Geschenk ist für Gerhard.

The negative article is *kein*.

Kein Schlips kostet fünfzehn Mark.
Keine Platte ist hier.
Kein Geschenk ist für Gerhard.

The nominative articles are as follows.

	masculine	*feminine*	*neuter*
definite	der	die	das
indefinite	ein	eine	ein
negative	kein	keine	kein

Akkusativ

Maskulin

A. Wiederholen Sie, bitte!

Onkel Karl kauft den Fussball.
Onkel Karl kauft einen Fussball.
Onkel Karl kauft keinen Fussball.
Ruth kauft den Schlips.
Ruth kauft einen Schlips.
Ruth kauft keinen Schlips.

B. Ersetzen Sie, bitte!

Ruth kauft den | Wein.
Kuchen.
Schinken.
Käse.

Tante Anna schickt einen | Schlips.
Fussball.
Kuchen.

Karl bekommt keinen | Brief.
Fussball.

C. Beantworten Sie die Fragen nach dem Beispiel, bitte!

Bekommt Hans den Brief? →
Ja, Hans bekommt den Brief.
Nein, Hans bekommt keinen Brief.

Kauft Ruth den Schlips?
Schickt Onkel Karl den Fussball?
Braucht Gerhard den Fussball?
Deckt Gerhard den Tisch?
Schickt Tante Anna einen Fussball?
Schreibt Gerhard einen Brief?
Bekommt Onkel Karl Montag einen Brief?
Braucht Gerhard einen Schlips?

50

Feminin und Neutrum

A. Wiederholen Sie, bitte!

Ich kaufe die Platte.
Ich kaufe eine Platte.
Ich kaufe keine Platte.
Ich bringe die Freundin.
Ich bringe eine Freundin.
Ich bringe keine Freundin.
Ich hole das Brot.
Ich hole ein Brot.
Ich hole kein Brot.
Ich schicke das Paket.
Ich schicke ein Paket.
Ich schicke kein Paket.

B. Ersetzen Sie, bitte!

Axel bringt die | Platte.
Freundin.
Schwester.

Ute kauft eine (keine) | Limonade.
Platte.

Gerhard bekommt das | Paket.
Geschenk.
Geburtstagsgeschenk.

Tante Anna schickt ein (kein) | Paket.
Geschenk.

C. Beantworten Sie die Fragen nach dem Beispiel, bitte!

Schickt Ingrid die Platte? →
Ja, Ingrid schickt die Platte.
Nein, Ingrid schickt keine Platte.

Kauft Ruth die Platte für fünfzehn Mark?
Kauft Ruth eine Platte für Gerhard?
Bringt Axel die Freundin?
Bringt Axel eine Freundin?
Bestellt Ute die Limonade?
Trinkt Ute eine Limonade?

Schickt Onkel Karl das Paket?
Bekommt Gerhard ein Paket?
Kauft die Mutter das Geschenk?
Kauft die Mutter ein Geschenk?
Bestellt Detlev das Eis?
Kauft Detlev ein Eis?

D. Beantworten Sie die Fragen, bitte!

Deckt Gerhard den Tisch?
Schreibt Gerhard den Brief?
Bringt Gerhard den Schinken ins Esszimmer?
Kauft Axel die Limonade?
Bringt Gerhard die Schwester?
Bestellt Ruth die Platte für Gerhards Geburtstag?
Bringt Mutter die Leberwurst?
Kauft Axel das Eis?
Bekommt Gerhard das Paket zum Geburtstag?
Holt Mutter das Geburtstagsgeschenk für Gerhard?
Macht die Mutter das Abendessen?
Was bestellt Ingrid?
Was kauft Axel?
Was deckt Gerhard?
Was macht die Mutter?
Was schreibt Dieter?

E. Beantworten Sie die Fragen mit ja, bitte!

Ist der Fussball aus Leder?
Bekommt Gerhard den Fussball?
Ist der Brief von Gerhard?
Schreibt Gerhard den Brief?
Ist der Wein gut?
Holt Gerhard den Wein?
Ist ein Schlips schön?
Bekommt Gerhard einen Schlips?
Kauft Onkel Karl einen Fussball?
Ist die Platte für Gerhard?
Bringt Gisela die Platte?
Ist das Paket gross?
Schickt Onkel Karl das Paket?

Die Kuchen schmecken gut: eine Bäckerei in Hamburg

Grammatik

A noun with its article that functions as a direct object is in the *accusative* case. The accusative definite articles are: *den, die, das.* The accusative indefinite articles are: *einen, eine, ein.* The negative articles are *keinen, keine, kein.*

If you compare the nominative articles with the accusative articles, you will notice only one change: the masculine *der* (*ein*) (*kein*) changes to *den* (*einen*) (*keinen*) in the accusative. The feminine and neuter forms are the same in both cases.

	masculine	*feminine*	*neuter*
nominative	der Brief	die Platte	das Geschenk
	ein Brief	eine Platte	ein Geschenk
	kein Brief	keine Platte	kein Geschenk
accusative	den Brief	die Platte	das Geschenk
	einen Brief	eine Platte	ein Geschenk
	keinen Brief	keine Platte	kein Geschenk

Study the following examples.

> Der Fussball ist aus Leder.
> Karl bekommt den Fussball.
> Die Limonade ist gut.
> Gerhard bestellt die Limonade.
> Das Paket ist gross.
> Der Onkel schickt das Paket.

Zusammenfassung

A. *Folgen Sie dem Beispiel, bitte!*

> Kaufst du den Schlips? →
> Ja, ich kaufe einen Schlips.
> Nein, ich kaufe keinen Schlips.

Holst du den Wein?
Bestellst du das Eis?
Bekommst du den Fussball?
Kaufst du die Platte?
Machst du das Abendessen?
Schreibst du den Brief?

B. *Folgen Sie dem Beispiel, bitte!*

> Das ist ein Schlips. Kaufst du den Schlips? →
> Ja, ich kaufe den Schlips.

Das ist ein Geburtstagsgeschenk. Bringst du das
    Geburtstagsgeschenk?
Das ist eine Platte. Kaufst du die Platte?
Das ist ein Schlips. Brauchst du den Schlips?
Das ist der Wein. Holst du den Wein?
Das ist ein Brot. Bringst du das Brot?

Gespräch

Ein Geburtstagsgeschenk

Hans-Dieter	Morgen ist mein Geburtstag.
Marianne	Ja, was brauchst du denn?
Hans-Dieter	Ich brauche einen Schlips, einen Fussball, einen Volkswagen und hundert Mark.
Marianne	Hans-Dieter, du bist total verrückt.
Hans-Dieter	Nein, ich bin nicht verrückt. Also, Marianne, was kaufst du denn für mich?
Marianne	Vielleicht einen Kuchen.
Hans-Dieter	Marianne, du bist aber wirklich grossartig!

Fragen

1. Was ist morgen?
2. Was braucht Hans-Dieter?
3. Ist er total verrückt?
4. Was kauft Marianne für Hans-Dieter?
5. Wie ist Marianne?

Aussprache

ä	*ä*	*ö*	*ö*	*ü*	*ü*
Mädchen	hässlich	schön	(können)	Dünen	hübsch
Käse				Brüder	Tschüss
					fünf
					Küste

u	*ü*	*u*	*ü*
du	Dünen	dumm	fünf
Susanne	Brüder	Stunde	Küste
Fuss	Füsse		

Aufschnitt, Trier

Lesestück

die Überraschung   *surprise*
es gibt   *there are*
der Aufschnitt   *cold cuts*
das Wohnzimmer   *living
   room*
das Reiseplakat   *travel
   poster*
schenken   *give as a gift*
die Theaterkarte   *theater
   ticket*
sagt   *says*
wirklich   *really*
toll   *great*

Eine Geburtstagsparty

Es ist Samstag. Heute ist Giselas Geburtstag. Sie ist sechzehn Jahre alt. Giselas Bruder Peter ist fünfzehn. Peter ist sehr nett. Er plant eine Geburtstagsparty für Gisela. Viele Freunde und Freundinnen kommen heute nachmittag. Es ist eine Überraschungsparty. Mutti und Tante Else backen Kuchen und machen schon ein Abendessen. Es gibt kalte Platten mit Weissbrot und Pumpernickel. Es gibt Käse, Aufschnitt und Schinken. Peter dekoriert auch das Wohnzimmer mit Ballons und Reiseplakaten aus London und New York, denn Gisela lernt Englisch.

Die Mädchen und Jungen kommen um fünf Uhr. Alle bringen ein Geschenk. Dieter bringt ein Buch von Hermann Hesse. Jürgen und Jutta schenken Gisela eine Theaterkarte. Karin, Helga und Ursula bringen Gisela einen Pullover. Gisela sagt: „Die Geschenke sind wirklich ganz toll. Mensch, ihr seid aber grossartig!"

Fragen

1. Welcher Tag ist es?
2. Wie alt ist Gisela?
3. Ist Giselas Bruder nett?
4. Was plant er?
5. Ist die Party eine Überraschungsparty?
6. Was machen Giselas Mutter und Tante?
7. Wie dekoriert Peter das Wohnzimmer?
8. Wann kommen die Mädchen und Jungen?
9. Was bringen sie?
10. Was bringt Dieter?
11. Was schenken Jürgen und Jutta?
12. Wie sind die Geschenke?

Sie kaufen Geburtstagsgeschenke,
Hannover

Übungen zum Schreiben

A *Complete each sentence with a word that starts with* Geburtstag(s) _____.
1. Ursula und Reinhard kaufen ein _____.
2. Der _____ schmeckt gut.
3. Onkel Karl und Tante Else schicken ein _____.

B *Complete the following with an appropriate word.*
1. Erika _____ den Tisch.
2. Die Mutter macht das _____.
3. Der Fussball ist aus _____.
4. Sie _____ ein Paket.
5. Das Geburtstagsgeschenk ist _____ Gerhard.
6. Gerhard _____ einen Brief.

C *Complete the following with the appropriate definite article.*
1. _____ Tisch ist im Esszimmer.
2. _____ Wein ist kalt.
3. _____ Platte ist für Gerhard.
4. _____ Mutter macht das Abendessen.
5. _____ Esszimmer ist schön.
6. _____ Käse schmeckt gut.
7. Wo ist _____ Schinken?
8. _____ Geschenk ist für Gerhard.
9. _____ Kuchen schmeckt gut.
10. _____ Brief ist für Onkel Karl.
11. _____ Fussball ist aus Leder.

D *Rewrite the following sentences in the plural.*
1. Die Platte ist für Gisela.
2. Der Kuchen ist warm.
3. Der Tisch ist im Esszimmer.
4. Das Geschenk ist für Gerhard.
5. Die Mutter ist klein.
6. Der Brief ist interessant.
7. Das Paket ist gross.
8. Das Brot ist gut.

E *Change the definite articles to indefinite articles.*
1. Da ist der Schlips.
2. Da ist die Platte.
3. Da ist das Geschenk.
4. Da ist der Fussball.
5. Da ist die Tante.

Die Freunde und Freundinnen kaufen Kinokarten

6. Da ist das Paket.
7. Da ist der Tisch.
8. Da ist der Kuchen.
9. Da ist der Brief.
10. Da ist das Eis.

F *Change the indefinite articles to definite articles.*

1. Tante Anna schickt ein Geburtstagspaket.
2. Onkel Karl kauft einen Fussball.
3. Susanne bringt eine Platte.
4. Mutti schickt einen Kuchen.
5. Ruth kauft ein Geburtstagsgeschenk.
6. Karl bringt einen Schlips.

G *Rewrite the sentences of exercise F in the negative.*

H *Complete each sentence with the appropriate form of the verbs* sein *or* bringen.

1. Der Schlips _____ schön.
2. Ruth _____ einen Schlips.

3. Klaus _____ den Fussball.
4. Der Fussball _____ aus Leder.
5. Die Platte _____ fantastisch.
6. Jürgen _____ eine Platte.
7. Das Paket _____ von Onkel Karl.
8. Tante Anna _____ ein Paket.

I   *Answer according to the model.*

| Ist der Pullover nicht hübsch? →
| Ja, und ich kaufe den Pullover.

1. Ist die Platte nicht toll?
2. Ist der Fussball nicht aus Leder?
3. Ist der Kuchen nicht gut?
4. Ist das Brot nicht frisch?
5. Ist das Eis nicht gut?
6. Ist die Limonade nicht frisch?

J   *Form sentences from the following.*
1. Gisela / bringen / Geburtstagskuchen / für Gerhard
2. Wir / schicken / Paket
3. Hans / brauchen / Fussball
4. Bringen / du / Brot / und / Butter?
5. Ich / schreiben / Brief
6. Sie / kaufen / Schlips / für Hans-Dieter

K   *Complete the following with the correct form of the definite article.*
1. _____ Kuchen ist für Gerhard. Gisela bringt _____ Kuchen ins Esszimmer.
2. _____ Geschenk ist für Hans. Ich schicke _____ Geschenk.
3. _____ Wein ist gut. Ich kaufe _____ Wein.
4. _____ Schlips ist schön. Brauchst du _____ Schlips?
5. _____ Platte ist toll. Ich kaufe _____ Platte.

L   *Answer the following questions in paragraph form.*

Ist heute Montag?
Ist heute Monikas Geburtstag?
Plant Erika eine Party?
Kommen Dieter, Arno, Frank, Gerda und Susanne?
Wann kommen sie?
Bringen sie ein Geburtstagsgeschenk für Monika?
Was bringen sie?

Mündliche Zusammenfassung

Aufgabe 4

1   München ist eine Stadt.
    Da ist immer etwas los.
    Es gibt viele Kinos und Konzerthäuser.
    Anne-Marie geht mit Gisela in die Stadt.
    Die Strassenbahn ist leer, nicht voll.
    Die Mädchen bekommen einen Sitzplatz.

2   Heinz und Anne-Marie besuchen das Goethe-Gymnasium.
    Sie lernen hier Sprachen.
    Heinz hat Deutsch, Englisch und Russisch.
    Anne-Marie hat Deutsch, Englisch und Französisch.
    Die Schule ist um ein Uhr aus.
    Heinz und Anne-Marie machen schnell Hausarbeiten.

3   Heinz und Anne-Marie wohnen ausserhalb von München.
    Die Familie hat ein Einfamilienhaus.
    Das ist die Oma.
    Der Vater hat eine Gastwirtschaft.

4 München hat viele Gebäude.
Es gibt viele Geschäfte.
Es gibt auch viele Kirchen.
Die Jungen gehen in ein Café.
Sie bestellen zwei Stück Torte
mit Schlagsahne.

5 Die Künstler verkaufen viele Sachen.
Viele Sachen sind aus Holz.
Die Künstler sind froh.

Übungen

A Beantworten Sie die Fragen, bitte!
1. Was ist München?
2. Ist da immer etwas los?
3. Wohin geht Anne-Marie?
4. Mit wem geht sie?
5. Wie ist die Strassenbahn?
6. Was bekommen die Mädchen?
7. Welche Schule besuchen Heinz und Anne-Marie?
8. Was lernen sie?
9. Welche Sprachen haben sie?
10. Wie machen sie Hausarbeiten?
11. Wo wohnen Heinz und Anne-Marie?
12. Was hat die Familie?
13. Was hat der Vater?
14. Was hat München?
15. Was bestellen die Jungen im Café?

B Ergänzen Sie, bitte!
1. Heinz und Anne-Marie _____ das Goethe-Gymnasium.
2. Sie lernen _____.
3. München hat viele _____.
4. Heinz und Anne-Marie machen schnell _____.
5. Anne-Marie geht gern mit Gisela in die _____.
6. Die _____ ist leer.
7. Die Mädchen bekommen einen _____.
8. Die _____ ist um ein Uhr aus.
9. Die beiden Jungen gehen in ein _____.
10. Sie bestellen zwei _____ _____ mit _____.
11. Die Künstler _____ viele Sachen.
12. Viele Sachen sind aus _____.

*Die Schule ist um ein
Uhr aus, Garmisch*

Nomen

A. *Ersetzen Sie, bitte!*

Der | Vater / Künstler / Sitzplatz | ist hier.

Die | Strassenbahn / Schule / Kirche | ist leer.

Das | Konzert / Geschäft / Gebäude / Holz / Haus | ist interessant.

B. *Beantworten Sie die Fragen, bitte!*

Ist der Vater froh?
Ist der Künstler alt?

Ist die Strassenbahn leer?
Ist die Schule gut?
Ist die Stadt gross?
Ist die Kirche protestantisch?

Ist das Konzert gut?
Ist das Gebäude alt?
Ist das Holz schön?
Ist das Gymnasium in München?

C. *Ersetzen Sie, bitte!*

Die | Strassenbahnen / Schulen / Familien / Gastwirtschaften / Kirchen / Sachen | sind in München.

Die | Strassenbahnen / Gebäude / Geschäfte | sind leer.

D. *Beantworten Sie die Fragen, bitte!*

Sind die Strassenbahnen voll?
Sind die Häuser klein?
Sind die Omas froh?
Sind die Familien deutsch?
Sind die Kinos im Zentrum?
Sind die Torten gut?
Sind die Städte modern?
Sind die Kirchen gross?
Sind die Väter froh?
Sind die Sachen aus Holz?
Sind die Sitzplätze aus Leder?

Es ist immer etwas los in München

Grammatik

The nouns presented in this lesson are:

Singular	Plural	Singular	Plural
der Sitzplatz	die Sitzplätze	das Gymnasium	die Gymnasien
der Vater	die Väter	das Haus	die Häuser
der Künstler	die Künstler	das Einfamilienhaus	die Einfamilienhäuser
		das Holz	die Hölzer
die Strassenbahn	die Strassenbahnen	das Kino	die Kinos
die Gastwirtschaft	die Gastwirtschaften	das Konzert	die Konzerte
die Schule	die Schulen	das Geschäft	die Geschäfte
die Familie	die Familien	das Stück	die Stücke
die Sprache	die Sprachen	das Gebäude	die Gebäude
die Kirche	die Kirchen		
die Torte	die Torten		
die Sache	die Sachen		
die Stadt	die Städte		
die Oma	die Omas		
die Schlagsahne			

Struktur

Das Verb *haben*

Singular

Dritte Person

A.   Wiederholen Sie, bitte!

Heinz hat einen Freund.
Anne-Marie hat ein Paket.
Die Familie hat ein Einfamilienhaus.

B.   Ersetzen Sie, bitte!

Heinz hat einen
- Freund.
- Vater.
- Onkel.
- Fussball.
- Pullover.

Susanne hat eine
- Mutter.
- Freundin.
- Oma.
- Platte.
- Kinokarte.

Karl hat ein
- Auto.
- Paket.
- Geschenk.

C.   Beantworten Sie die Fragen, bitte!

Hat die Familie Obermeyer ein Haus?
Was hat die Familie?
Hat Herr Obermeyer eine Gastwirtschaft?
Was hat er?
Hat Heinz Englisch und Russisch?
Welche Sprachen hat Anne-Marie?
Hat München viele Touristen?
Was hat die Stadt?
Hat Gerda eine Platte?
Was hat sie?

Erste Person

A.   Wiederholen Sie, bitte!

Ich habe einen Freund.
Ich habe eine Freundin.
Ich habe ein Auto.
Ich habe zehn Mark.

B.   Ersetzen Sie, bitte!

Ich habe einen
- Freund.
- Bruder.
- Ball.
- Pullover.

Ich habe eine
- Limonade.
- Tante.
- Theaterkarte.
- Cola.

Ich habe kein
- Auto.
- Paket.
- Geschenk.

C.   Beantworten Sie die Fragen, bitte!

Hast du fünf Mark?
Hast du Hunger?
Hast du einen Freund?
Hast du eine Freundin?
Hast du eine Schwester?
Hast du einen Fussball?
Hast du Deutsch?
Welche Sprachen hast du?

Zweite Person

A.   Wiederholen Sie, bitte!

Hast du zwei Mark?
Hast du Hunger?
Hast du einen Bruder?

B. Ersetzen Sie, bitte!

Hast du einen | Fussball?
Schlips?
Pullover?

Hast du eine | Schwester?
Oma?
Platte?

Hast du ein | Paket?
Auto?
Geschenk?

C. Folgen Sie den Anweisungen, bitte!

Fragen Sie Heinz, ob er zehn Mark hat!
Fragen Sie Anna, ob sie zwanzig Mark hat!
Fragen Sie Arno, ob er einen Fussball hat!
Fragen Sie Susanne, ob sie ein Auto hat!

Grammatik

The singular of the irregular verb *haben* has three forms.

ich habe	Ich habe Deutsch.
du hast	Hast du Deutsch?
er, sie, es hat	Er hat einen Fussball.
	Sie hat eine Platte.

Zusammenfassung

Folgen Sie dem Beispiel, bitte!

Ich habe eine Platte. Und er? →
Ja, er hat eine Platte.

Klaus hat einen Fussball. Und du?
Sie hat ein Geschenk. Und Gisela?
Er hat Deutsch. Und Arno?
Ich habe ein Auto. Und du?
Erika hat Russisch. Und Heinz?

Das Verb *haben*

Plural

Dritte Person

A. Wiederholen Sie, bitte!

Herr und Frau Obermeyer haben ein Haus.
Sie haben ein Haus.
Heinz und Anne-Marie haben Englisch.
Sie haben Englisch.

B. Ersetzen Sie, bitte!

Herr Obermeyer und
Herr Ritter haben | ein Restaurant.
ein Haus.
ein Auto.

Sie haben | eine Gastwirtschaft.
eine Frau.
eine Mutter.

C. Beantworten Sie die Fragen, bitte!

Haben Herr und Frau Obermeyer ein Haus?
Haben sie eine Gastwirtschaft?
Was haben sie?
Welche Sprachen haben Heinz und Anne-Marie?
Wieviel Mark haben Anne-Marie und Gisela?
Haben Anne-Marie und Heinz Hausarbeiten?

Erste Person

A. Wiederholen Sie, bitte!

Wir haben ein Auto.
Wir haben einen Volkswagen.

B. Ersetzen Sie, bitte!

Wir haben ein | Auto.
| Haus.
| Geschenk.
| Paket.

Wir haben keine | Platte.
| Karte.
| Schwester.

C. Beantworten Sie die Fragen, bitte!

Habt ihr ein Auto?
Habt ihr ein Haus?
Habt ihr Deutsch?
Habt ihr das Paket?
Haben Sie die Geschenke?
Haben Sie Russisch?
Haben Sie viele Restaurants?
Haben Sie viele Kinos?

Zweite Person und Höflichkeitsform

A. Wiederholen Sie, bitte!

Habt ihr einen Bruder?
Habt ihr ein Auto?

Haben Sie einen Bruder?
Haben Sie ein Auto?

B. Folgen Sie den Anweisungen, bitte!

Fragen Sie Karl und Klaus, ob sie Schwestern
    haben!
Fragen Sie Helene und Arno, ob sie zwanzig Mark
    haben!
Fragen Sie Anton und Gerda, ob sie ein Auto
    haben!
Fragen Sie Anni und Gerda, ob sie Hausarbeiten
    haben!
Fragen Sie Herrn und Frau Huber, ob sie eine
    Gastwirtschaft haben!
Fragen Sie die Fräulein, ob sie viele Pakete haben!

Die Strassenbahn ist voll, München

Ein Museum, München

Grammatik

Study the following plural forms of the verb *haben.*

> wir haben
> ihr habt
> sie, Sie haben

Remember that *Sie haben* can be used for both the singular and plural.

> Haben Sie ein Buch, Frau Keller?
> Haben Sie Hunger, Herr Braun und Herr Weiss?

Zusammenfassung

Folgen Sie dem Beispiel, bitte!

> Die Jungen haben ein Auto. Und ihr? →
> Wir haben auch ein Auto.

Arno hat Deutsch. Und Sie?
Wir haben Hunger. Und die Jungen?
Das Mädchen hat eine Platte. Und wir?
Ich habe eine Schwester. Und du?
Sie haben Deutsch. Und Gisela?
Er hat ein Buch. Und die Schwestern?

Akkusativ

Plural

A. *Ersetzen Sie, bitte!*

Ich finde
| die Steine.
| die Geschenke.
| die Bälle.
| die Muscheln.
| die Kinder.

Wir kaufen
| die Schlipse
| die Platten
| die Pakete

Hans hat
| die Fussbälle.
| die Platten.
| die Schlipse.
| die Pakete.
| die Briefe.
| die Geschenke.

B. *Beantworten Sie die Fragen, bitte!*

Findet Gisela die Steine?
Bestellt Erika die Limonaden?
Hat Gisela die Kuchen?
Schickt Onkel Karl die Geschenke?
Schreibt Gerhard die Briefe?
Deckt Erika die Tische?
Kauft die Oma die Schlipse?
Braucht Gerhard die Platten?
Bekommen die Jungen die Sitzplätze?

Grammatik

You will note that the accusative plural forms of definite articles are the same as the nominative plural forms.

Die Steine sind am Strand.
Ich finde die Steine.
Die Limonaden sind gut.
Die Jungen trinken die Limonaden.
Die Schlösser sind schön.
Die Kinder bauen die Schlösser im Sand.

Zusammenfassung

Folgen Sie dem Beispiel, bitte!

| Die Schlipse? →
| Ja, ich habe die Schlipse.

Die Bälle?
Die Muscheln?
Die Fische?
Die Schlipse?
Die Briefe?
Die Pakete?
Die Platten?

Die umgekehrte Wortfolge

A. Wiederholen Sie, bitte!

Axel schwimmt im Wasser.
Im Wasser schwimmt Axel.
Gisela kommt heute.
Heute kommt Gisela.
Das Wetter ist schön.
Schön ist das Wetter.
Axel geht mit Karin.
Mit Karin geht Axel.

Ute bestellt ein Eis.
Ein Eis bestellt Ute.
Heinz und Toni gehen Montag in die Stadt.
Montag gehen Heinz und Toni in die Stadt.

B. Folgen Sie dem Beispiel, bitte!

Axel schwimmt im Wasser. →
Im Wasser schwimmt Axel.

Das Wetter ist warm.
Die Künstler verkaufen viele Sachen.

Siegestor, München

Ich bestelle zwei Stück Torte.
Ingrid kommt heute.
Die beiden Jungen gehen in die Stadt.
Die Freunde schicken ein Geschenk.

C.   Beantworten Sie die Fragen, bitte!

Wo schwimmt Axel?
Wohin geht Karin?
Wann gehen wir?

Wann kommt Gisela?
Wie ist das Wetter?
Wie ist der Junge natürlich?
Mit wem geht Axel?
Für wieviel bekommt Ruth die Platte?
Was trinkt Detlev?
Was bestellt Ute?
Wann gehen Heinz und Toni in die Stadt?
Wohin gehen sie um vier Uhr?

Grammatik

An important aspect of German sentence structure is word order. *Regular* word order means that a sentence begins with the subject and is followed immediately by the verb.

Axel schwimmt im Wasser.

In German, however, this regular subject verb order is often replaced by what is called *inverted* word order.   Whenever a sentence begins with a word that is not the subject, the verb and subject are inverted. In other words, the subject follows the verb.   Study the following examples.

Ein Eis bestellt Ute.
Montag geht Dieter in die Stadt.
Schön ist das Wetter.
Im Wasser schwimmen wir.

Note that the sentence can begin with the object, an adverb, an adjective, or a prepositional phrase.

Zusammenfassung

Folgen Sie dem Beispiel, bitte!

Wir gehen um acht ins Kino. →
Um acht gehen wir ins Kino.
Ins Kino gehen wir um acht.

Thomas baut ein Schloss im Sand.
Wir bestellen eine Cola im Café.
Detlev spielt heute am Strand.
Gisela kauft ein Geschenk für Gerhard.
Tante Anna bekommt Montag einen Brief.
Sie geht um zwei mit Gisela in die Stadt.

Gespräch

Gehen wir in die Stadt!

Heinz Hast du viele Hausarbeiten?

Toni Nein.

Heinz Warum gehen wir nicht in die Stadt?

Toni Gute Idee. Besuchen wir das Deutsche Museum!

Heinz Fein, da ist immer etwas los.

Toni Hier kommt auch schon die Strassenbahn.

Heinz Und sie ist gar nicht voll. Es gibt noch viele Sitzplätze.

Fragen

1. Hat Toni viele Hausarbeiten?
2. Gehen Heinz und Toni in die Stadt?
3. Gehen sie ins Museum?
4. Ist da immer etwas los?
5. Was kommt?
6. Ist die Strassenbahn voll?
7. Bekommen Heinz und Toni Sitzplätze?

Aussprache

au	*äu*	*eu*
kauft	Fräulein	heute
Haus	Häuser	Leute
kaufen	Gebäude	Freund
auch		deutsch
aus		
ausserhalb		

ei	*ie*
ein	Brief
Wein	mieten
kein	spielen
scheint	Sie
Eis	viel
schreibt	Marie
Heinz	

Hier kommt die Strassenbahn, Karlsruhe

Lesestück

die Hauptstadt   *capital*
Bayern   *Bavaria*

Wir wohnen in München

Die Familie Obermeyer wohnt in Süddeutschland. Sie haben ein Einfamilienhaus in München. München ist die Hauptstadt von Bayern.

Heinz Obermeyer ist 17 Jahre alt. Er hat eine Freundin. Sie heisst Anne-Marie. Anne-Marie wohnt ausserhalb von München. Heinz und Anne-Marie sprechen einen bayrischen Dialekt. Sie sagen: „Grüss Gott!" Sie sagen nicht: „Guten Tag!" Heinz ist ein Bub und Anne-Marie ist ein Mädel.

Die beiden besuchen das Goethe-Gymnasium. Sie lernen hier Sprachen. Sie haben Deutsch, Englisch und Französisch. Die Schule ist um ein Uhr aus. Das ist wunderbar für Heinz und Anne-Marie. Die zwei machen schnell Hausarbeiten. Dann gehen sie in die Stadt. München ist schön und interessant. Da ist immer etwas los, denn es gibt Theater, Kinos, Opern und Konzerthäuser. Im Zentrum sind Hotels, Restaurants, Geschäfte und viele Leute—Münchner und Touristen.

Heinz und Anne-Marie gehen in ein Café. Sie haben Hunger und Durst. Heinz bestellt eine Limonade, Kaffee und zwei Stück Torte mit Schlagsahne. Im Café sind viele Touristen. Heinz und Anne-

der Durst   *thirst*

77

Marie sprechen Englisch mit Joan und Robert, zwei Amerikanern. Die zwei Amerikaner gehen natürlich ins Hofbräuhaus. Das Hofbräuhaus ist sehr populär in München. Im Hofbräuhaus sind viele Touristen und auch Münchner. Da trinken sie Bier und essen Sauerkraut, Würste und Brezeln. Und natürlich singen sie.

Joan und Robert besuchen auch Schwabing, einen Stadtteil von München. Es ist ein bisschen wie New Yorks Greenwich Village. Im Sommer sind hier immer Künstler. Sie haben abends Stände und verkaufen viele Sachen bei Kerzenlicht. Der Vater von Heinz hat eine Gastwirtschaft in Schwabing. Heinz und Anne-Marie besuchen Vaters Wirtschaft mit Joan und Robert. Die vier sprechen Englisch zusammen. Deshalb ist Herr Obermeyer sehr froh.

der Stadtteil   *section of city*
ein bisschen   *a little*
der Stand   *stand*
bei Kerzenlicht   *by candle-light*

deshalb   *for that reason*

Fragen

1. Wo wohnt die Familie Obermeyer?
2. Was hat die Familie?
3. Was ist München?
4. Wie alt ist Heinz?
5. Wie heisst die Freundin?
6. Wo wohnt sie?
7. Was sprechen Heinz und Anne-Marie?
8. Was ist ein Bub? Und ein Mädel?
9. Was besuchen die beiden?
10. Was lernen sie?
11. Um wieviel Uhr ist die Schule aus?
12. Was machen sie schnell?
13. Wohin gehen sie?
14. Was gibt es in München?
15. Wo sind viele Gebäude und Leute?
16. Wohin gehen Heinz und Anne-Marie?
17. Was haben sie?
18. Was bestellt Heinz?
19. Mit wem sprechen Heinz und Anne-Marie?
20. Wohin gehen die Amerikaner natürlich?
21. Was trinken die Leute?
22. Was essen sie?
23. Was ist Schwabing?
24. Wer ist im Sommer in Schwabing?
25. Was verkaufen sie?
26. Was hat der Vater von Heinz?
27. Was sprechen die vier zusammen?
28. Wie ist Herr Obermeyer?

Im Hofbräuhaus sind viele Touristen und auch Münchner

Übungen zum Schreiben

A *Complete the following sentences with an appropriate word.*

1. Herr Obermeyer hat eine _____.
2. Die Familie Obermeyer hat ein _____.
3. Heinz und Anne-Marie besuchen das _____.
4. Sie lernen hier _____.
5. Montag gehen Heinz und Toni in die _____.
6. Die beiden Jungen haben _____.
7. Die Jungen _____ in ein Café.
8. Die Familie wohnt _____ von München.
9. Da ist immer _____ _____: Opern, Konzerte.
10. Die Künstler _____ viele Sachen.
11. Die Strassenbahn ist nicht voll; sie ist _____.
12. Ich bestelle zwei Stück Torte mit _____.

B *Complete the following with the appropriate definite article.*

1. _____ Schule ist in München.
2. _____ Vater ist sehr froh.
3. _____ Gebäude ist modern.
4. _____ Holz ist interessant.
5. Hier kommt _____ Strassenbahn.
6. _____ Geschäft ist interessant.
7. _____ Künstler ist froh.
8. _____ Kirche ist in Hamburg.

C   *Rewrite the following sentences, changing the subject to the plural.*

1. Die Strassenbahn kommt um zwei Uhr.
2. Das Gebäude ist in Schwabing.
3. Das Geschäft ist nicht voll.
4. Die Kirche ist hier.
5. Der Künstler verkauft viele Sachen.
6. Die Schule ist um ein Uhr aus.
7. Der Vater ist froh.
8. Das Haus ist modern.

D   *Complete each sentence with the appropriate form of* haben.

1. Die Familie _____ ein Einfamilienhaus.
2. Herr Obermeyer und Herr Koch _____ eine Gastwirtschaft.
3. Wir _____ einen Volkswagen.
4. _____ du Englisch, Klaus?
5. Marie _____ Französisch.
6. _____ Sie eine Gastwirtschaft in der Residenzstrasse, Herr Obermeyer?
7. Ich _____ Russisch.
8. Klaus und Toni _____ zehn Mark.

E   *Answer each question with a complete sentence.*

1. Wo wohnst du?
2. Habt ihr ein Einfamilienhaus?

Die Künstler verkaufen viele Sachen bei Kerzenlicht, Schwabing

3. Lernen Sie Deutsch?
4. Haben Sie Montag Englisch?
5. Wann ist die Schule aus?
6. Machst du heute Hausarbeiten?
7. Ist München interessant?
8. Welche Stadt ist interessant?
9. Welche Stadt ist romantisch?
10. Hast du viele Platten?
11. Hast du einen Freund?
12. Habt ihr einen Volkswagen?

F *Rewrite the following, changing the direct object to the plural.*
1. Anne-Marie bestellt die Limonade.
2. Die Mädchen bekommen den Sitzplatz.
3. Wir schicken das Paket.
4. Wir haben den Ball.
5. Heinz braucht die Platte.
6. Hans kauft den Wein.
7. Sie haben das Paket.
8. Onkel Karl bekommt den Brief.

G *Rewrite each of the following sentences, using inverted word order.*
1. Der Junge ist nicht dumm.
2. Das Mädchen ist intelligent.
3. Das Wetter ist schön.
4. Karin liegt im Sand.
5. Detlev spielt mit Erika Ball.
6. Karin findet Muscheln.
7. Ute bestellt eine Cola.
8. Ruth kauft den Schlips für zehn Mark.
9. Gerhard deckt den Tisch im Esszimmer.
10. Die Obermeyers wohnen ausserhalb von München.
11. Heinz und Anne-Marie besuchen das Goethe-Gymnasium in München.
12. Die Schule ist um ein Uhr aus.
13. Die Strassenbahn kommt in fünf Minuten.

H *Rewrite the following sentences with inverted word order.*
1. Das Wetter ist schön im Sommer.
2. Die Jungen gehen in ein Café.
3. Ich bestelle eine Limonade.
4. Ingrid findet Muscheln am Strand.
5. Er bringt den Wein ins Esszimmer.

6. Die Familie wohnt ausserhalb von München.
7. Gerhard deckt den Tisch.
8. Die Mädchen kaufen die Platten für fünfzehn Mark.

I *Complete the following with the appropriate verb ending.*

1. Die Sonne schein_____.
2. Axel schwimm_____ im Wasser.
3. Karin und Detlev lieg_____ im Sand.
4. Dieter spiel_____ mit Erika Ball.
5. Wir trink_____ Limonade.
6. Ruth und ich kauf_____ Gerhard ein Geschenk.
7. Tante Anna schick_____ einen Fussball.
8. Gerhard brauch_____ den Fussball.
9. Die Wurst schmeck_____ gut.
10. Erika und Anni hol_____ den Wein.
11. Die Obermeyers wohn_____ ausserhalb von München.
12. Ich lern_____ Deutsch.
13. Ha_____ du Englisch, Peter?
14. Anne-Marie und Gisela bekomm_____ einen Sitzplatz.

J *Complete the following with the correct form of the definite article.*

1. _____ Kuchen schmeckt gut.
2. Gisela hat _____ Kuchen.
3. Gerhard braucht _____ Schlips.
4. _____ Haus ist schön.
5. Wir bestellen _____ Eis.
6. Die Touristen besuchen _____ Kirche.
7. _____ Vater ist froh.
8. Er hat _____ Buch.
9. Die Jungen schreiben _____ Brief.
10. Die Mutter macht _____ Abendessen.

K *Answer the following questions in paragraph form.*

Wo wohnt Heinz?
Hat er eine Freundin?
Wie heisst die Freundin?
Wo wohnt sie?
Was ist München?
Wo ist München?
Wie ist die Stadt?
Was hat die Stadt?
Gehen Heinz und Anne-Marie in die Stadt?
Was bestellen sie im Café?

Mündliche Zusammenfassung

Aufgabe 5

Vokabeln

1   *Brenninkmeyer* ist ein Kaufhaus.
Es hat Sommerschlussverkauf.   (Ausverkauf)
Die Preise sind herabgesetzt.
Viele Sachen sind billig.
Sie sind nicht teuer.
Der Mann ruft eine Taxe.

2   Die Familie geht einkaufen.
Langsam wandern die Leute durch das Kaufhaus.
Sie sind todmüde.

3   Gertrud braucht eine Bluse und eine Weste.
Sie braucht auch einen Pullover, einen Regenmantel und einen
   Rock.
Sie braucht ein Kleid.

1

SOMMERSCHLUSSVERKAUF

2

3

4   Jörg braucht einen Trenchcoat und einen Anzug.
Er braucht auch eine Hose.
Er braucht ein Hemd, Schuhe und Socken.

4

Übungen

A   Beantworten Sie die Fragen, bitte!
1. Was ist *Brenninkmeyer?*
2. Was hat es?
3. Wie sind die Preise?
4. Wie sind viele Sachen?
5. Was macht die Familie?
6. Sind sie todmüde?
7. Was braucht Gertrud?
8. Was braucht Jörg?

B   Ergänzen Sie, bitte!
1. *Brenninkmeyer* ist ein _____.
2. *Brenninkmeyer* hat _____.
3. Die Preise sind _____.
4. Viele Sachen sind _____.
5. Die Familie Schröder geht _____.
6. Die Schröders _____ durch das Kaufhaus.

C   Geben Sie das Gegenteil, bitte!
1. schnell
2. teuer
3. billig
4. langsam
5. schön

Nomen

A. *Ersetzen Sie, bitte!*

Der | Pullover / Regenmantel / Rock / Anzug / Trenchcoat | ist billig.

Die | Hose / Bluse / Weste | ist billig.

Das | Kaufhaus / Kleid / Hemd | ist schön.

B. *Beantworten Sie die Fragen, bitte!*

Ist der Sommerschlussverkauf in Hannover?
Ist der Preis herabgesetzt?
Ruft der Mann eine Taxe?
Ist der Regenmantel teuer?
Ist der Anzug schön?
Ist der Rock billig?

Ist die Taxe hier?
Ist die Hose schön?
Ist die Bluse teuer?
Ist die Weste aus Leder?

Ist das Kaufhaus gut?
Ist das Kleid billig?
Ist das Hemd schön?

C. *Ersetzen Sie, bitte!*

Die | Röcke / Anzüge / Schuhe / Preise | sind billig.

Die | Hosen / Blusen / Westen / Hemden / Socken | sind nicht teuer.

Die | Männer / Pullover / Kleider / Kaufhäuser | sind gross.

D. *Beantworten Sie die Fragen, bitte!*

Sind die Kaufhäuser in Hannover?
Sind die Preise herabgesetzt?
Sind die Männer im Kaufhaus?
Sind die Taxen voll?
Sind die Hosen gross?
Sind die Blusen schön?
Sind die Westen klein?
Sind die Hemden billig?
Sind die Schuhe teuer?

Brenninkmeyer *ist ein Kaufhaus*

87

Grammatik

The nouns presented in this lesson are:

Singular	Plural		Singular	Plural
der Mann	die Männer		die Taxe	die Taxen
der Regenmantel	die Regenmäntel		die Hose	die Hosen
der Pullover	die Pullover		die Bluse	die Blusen
der Trenchcoat	die Trenchcoats		die Weste	die Westen
der Rock	die Röcke			die Leute
der Ausverkauf	die Ausverkäufe			
der Sommerschlussverkauf	die Sommerschlussverkäufe		das Kaufhaus	die Kaufhäuser
der Anzug	die Anzüge		das Kleid	die Kleider
der Preis	die Preise		das Hemd	die Hemden
der Schuh	die Schuhe			
der Socken	die Socken			

Struktur

Pronomen im Akkusativ

Singular

Maskulin—*ihn*

A.   Wiederholen Sie, bitte!

Gertrud kauft den Pullover.
Gertrud kauft ihn.
Ich brauche den Rock.
Ich brauche ihn.
Jörg kauft den Trenchcoat.
Jörg kauft ihn.

B.   Beantworten Sie die Fragen nach dem Beispiel, bitte!

Kauft Gertrud den Pullover? →
Ja, Gertrud kauft ihn.

Kauft Jörg den Fussball?
Braucht Gertrud den Rock?
Kauft Dieter den Pullover?

Brauchst du den Regenmantel?
Holt Gerhard den Wein?
Kauft Mutti den Aufschnitt?
Holst du den Fussball?

Feminin und Neutrum—*sie, es*

A.   Wiederholen Sie, bitte!

Gertrud kauft die Bluse.
Gertrud kauft sie.
Jörg braucht die Weste.
Jörg braucht sie.
Gertrud kauft das Kleid.
Gertrud kauft es.
Jörg bestellt das Hemd.
Jörg bestellt es.

B.   Beantworten Sie die Fragen nach dem Beispiel, bitte!

Kauft Gertrud die Bluse? →
Ja, Gertrud kauft sie.

Braucht Jörg die Weste?
Kauft er die Hose?

88

Bestellt Erika die Platte?
Lernst du die Sprache?
Rufst du die Taxe?
Kauft Mutti das Kleid?
Bestellt Ute das Eis?
Kauft Herr Obermayer das Haus?
Bestellst du das Auto?

C.   Beantworten Sie die Fragen, bitte!

Kaufen Sie den Fussball?
Brauchen Sie ihn?
Kaufen Sie den Pullover?
Kaufen Sie ihn?
Bestellen Sie den Wein?
Bestellen Sie ihn?
Kaufst du die Weste?
Brauchst du sie?
Bestellst du die Limonade?
Kaufst du sie?
Kaufst du das Auto?

Kaufst du es?
Bestellst du das Eis?
Kaufst du es?
Brauchst du das Hemd?
Kaufst du es?

D.   Beantworten Sie die Fragen, bitte!

Ist der Schlips schön?
Ist er schön?
Kauft Hans ihn?
Ist der Pullover warm?
Ist er warm?
Brauchst du ihn?
Ist der Wein kalt?
Ist er kalt?
Bestellst du ihn?
Ist der Anzug neu?
Ist er neu?
Kauft Gertrud ihn?

Grammatik

You have already learned the nominative or subject pronouns: *er, sie, es.*

> Der Trenchcoat ist schön.
> Er ist schön.
> Die Bluse ist hier.
> Sie ist hier.
> Das Kleid ist gross.
> Es ist gross.

The object pronouns or accusative pronouns are *ihn, sie,* and *es.* Note that the only pronoun that changes in the accusative is the masculine: *er* becomes *ihn.* Study the following examples.

> Ich brauche den Fussball.
> Ich brauche ihn.
>
> Ich kaufe die Bluse.
> Ich kaufe sie.
>
> Die Mutter macht das Abendessen.
> Die Mutter macht es.

Zusammenfassung

A. *Folgen Sie dem Beispiel, bitte!*

Ich kaufe den Anzug. →
Ich kaufe ihn.

Jörg braucht das Hemd.
Gertrud kauft den Rock.
Ich bestelle das Eis.
Wir kaufen das Brot.

Er bringt den Regenmantel.
Klaus kauft den Fussball.
Sie braucht die Bluse.
Wir trinken die Cola.

B. *Folgen Sie den Beispielen, bitte!*

Das Kaufhaus ist in Hannover. →
Es ist in Hannover.

Ich kaufe die Bluse. →
Ich kaufe sie.

Das Kaufhaus ist gross.
Wir brauchen den Anzug.
Das Auto ist billig.
Wir lernen die Sprache.
Die Strassenbahn ist leer.

Ich bekomme den Sitzplatz.
Der Trenchcoat ist teuer.
Der Wein ist billig.
Wir bestellen die Limonade.
Die Gastwirtschaft ist klein.

Im Kaufhaus, Hannover

Pronomen im Akkusativ

Plural

sie

A. Wiederholen Sie, bitte!

Gertrud kauft die Schuhe.
Gertrud kauft sie.
Marie braucht die Blusen.
Marie braucht sie.
Karl hat die Hemden.
Karl hat sie.

B. Beantworten Sie die Fragen nach dem Beispiel, bitte!

Bringst du die Freunde? →
Ja, ich bringe sie.

Kaufst du die Anzüge?
Deckst du die Tische?
Schreibst du die Briefe?
Bestellst du die Limonaden?
Kaufst du die Blusen?
Brauchst du die Westen?
Hast du die Platten?
Schickst du die Pakete?
Kaufst du die Geschenke?
Brauchst du die Kleider?
Hast du die Hemden?

Grammatik

The nominative plural pronoun for *er, sie,* and *es* is *sie.* The same is true in the accusative. The plural of the accusative pronouns *ihn, sie,* and *es* is also *sie.* There is no change.

Karl kauft die Socken.	Karl kauft sie.
Ich brauche die Platten.	Ich brauche sie.
Wir schicken die Pakete.	Wir schicken sie.

Wortfolge mit *dass*

A. Wiederholen Sie, bitte!

Ich glaube, du bist nett.
Ich glaube, dass du nett bist.
Wir glauben, Mutti kauft ein Hemd.
Wir glauben, dass Mutti ein Hemd kauft.

B. Folgen Sie dem Beispiel, bitte!

Ich glaube, Peter ist hier. →
Ich glaube, dass Peter hier ist.

Ich glaube, Erika ist in Berlin.
Klaus glaubt, Dieter kauft ein Auto.
Wir glauben, Helga ist nett.
Gisela glaubt, sie lernt Deutsch.

Ich glaube, das Wetter ist schön.
Glaubst du, du brauchst einen Pullover?
Sie glauben, sie bestellen ein Eis.

C. Beantworten Sie die Fragen, bitte!

Glaubst du, dass *Brenninkmeyer* in Hannover ist?
Glaubst du, dass das Kaufhaus einen Ausverkauf hat?
Glaubst du, dass die Preise herabgesetzt sind?
Glaubst du, dass die Sachen billig sind?
Glaubst du, dass du einen Fussball brauchst?
Glauben Sie, dass Sie Schuhe brauchen?
Glauben Sie, dass Sie ein Hemd kaufen?
Glauben Sie, dass der Schlips schön ist?
Glauben Sie, dass die Weste aus Leder ist?

Ein Ausverkauf, Hannover

Grammatik

Another type of word order in German is called *transposed* word order. Here, a dependent clause is introduced by a word like *dass*. The verb of the dependent clause goes at the end of the sentence.

> Ich glaube, dass du nett bist.

The subject of the dependent clause is *du*, which follows immediately after *dass*. The verb *bist* is at the end. To recapitulate:

1. Regular word order
   Ich gehe mit Detlev in ein Café.
2. Inverted word order
   Mit Detlev *gehe ich* in ein Café.
   In ein Café *gehe ich* mit Detlev.
3. Transposed word order
   Ich glaube, dass *ich* mit Detlev in ein Café *gehe*.

Zusammenfassung

Folgen Sie dem Beispiel, bitte!

> Glaubst du, Peter ist nett? →
> Glaubst du, dass Peter nett ist?
> Ja, ich glaube, dass Peter nett ist.

Glaubst du, Gisela ist hübsch?
Glaubst du, Helga ist intelligent?
Glaubst du, München ist interessant?
Glaubst du, Paris ist schön?
Glaubst du, das Hemd ist teuer?
Glaubst du, die Gastwirtschaft ist gut?

Gespräch

Gehen wir einkaufen!

Karin	Glaubst du, dass *Brenninkmeyer* einen Ausverkauf hat?
Gertrud	Ja, im August haben die meisten Geschäfte Sommerschluss-verkauf.
Karin	Ach, ja, natürlich. Ich brauche viele Sachen.
Gertrud	Gehen wir also! Die Preise sind alle herabgesetzt.
Karin	Ich rufe die Taxe.
Gertrud	Nein. Ich rufe sie. Was brauchst du denn?
Karin	Einen Rock, eine Bluse und ein Kleid.
Gertrud	Hast du auch genug Geld?
Karin	Natürlich! Glaubst du, dass ich pleite bin?

Fragen

1. Glaubt Gertrud, dass *Brenninkmeyer* einen Ausverkauf hat?
2. Warum hat *Brenninkmeyer* einen Ausverkauf?
3. Was braucht Karin?
4. Wie sind die Preise?
5. Wer ruft eine Taxe?
6. Hat Karin genug Geld?
7. Ist sie pleite?

Aussprache

-er	-e
Sommer	Sonne
Wasser	Junge
Wetter	Bälle
Leder	Leute
Zimmer	Limonade
Butter	heute
Mutter	Platte
Vater	Tante
	Käse
	Preise
	Taxe
	Bluse

Mutti ist im Kaufhaus,
Hannover

Lesestück

kühl   *cool*

meisten   *most*

treffen wir   *we meet*

Ein Nachmittag in Hannover

Es ist ein Nachmittag im August. Wir sind in Hannover. Im August ist es schon kühl hier in Niedersachsen. Heute nachmittag gehen Gertrud und ich einkaufen. Wir gehen zu *Brenninkmeyer*. Das ist ein Kaufhaus in Hannover. *Brenninkmeyer* hat Sommerschlussverkauf, und die Preise sind herabgesetzt. Alles ist sehr billig. Die meisten Geschäfte in Deutschland haben jetzt zwei Wochen Sommerschlussverkauf.

Gertrud braucht viele Sachen. Ich brauche nichts, aber ich gehe doch mit Gertrud, denn ich gehe gern einkaufen. Gertrud findet einen Rock. Er ist sehr schön, und sie kauft ihn.

Im Kaufhaus treffen wir zwei Freunde von Gertrud. Sie heissen Hans-Peter und Volker. Hans-Peter kauft ein Hemd, eine Hose und Schuhe. Volker sucht einen Trenchcoat. Der Trenchcoat ist zu teuer, und Volker kauft ihn nicht.

Es ist sechs Uhr. Wir sind alle todmüde und haben Hunger und Durst. Ausserhalb von Hannover sind ein Schloss und ein Garten. Der Garten ist sehr schön. Er ist wie der Garten von Versailles. Im Schloss gibt es auch ein Café. Volker ruft eine Taxe: „Schloss Herrenhausen, bitte!"

Fragen

1. Wo sind wir?
2. Was ist Hannover?
3. Was machen wir heute nachmittag?
4. Was hat *Brenninkmeyer*?
5. Wie ist alles?
6. Was haben die meisten Geschäfte jetzt?
7. Was braucht Gertrud?
8. Was kauft Hans-Peter?
9. Wie heissen die Freunde von Gertrud?
10. Was kaufen sie?
11. Kauft Volker den Trenchcoat?
12. Wie sind alle um sechs Uhr?
13. Was haben alle?
14. Was ist ausserhalb von Hannover?
15. Was ruft Volker?

Schlossgarten, Herrenhausen

Schloss Herrenhausen

Übungen zum Schreiben

A *Form sentences from the following.*

1. Preise / sein / herabgesetzt.
2. Familie / wandern / durch / Kaufhaus.
3. Jörg / brauchen / Anzug / Hose / und / Hemd.
4. Kaufhaus / haben / Sommerschlussverkauf.
5. Sachen / sein / billig.
6. Sie / sein / nicht / teuer.
7. Mann / rufen / Taxe.
8. Gertrud / brauchen / Bluse / Regenmantel / und / Kleid.

B *Complete each sentence with an adjective.*

1. Der Schlips ist ＿＿＿.
2. Die Weste ist ＿＿＿.
3. Die Bluse ist ＿＿＿.
4. Die Schuhe sind ＿＿＿.
5. Der Rock ist ＿＿＿.

Hannover: Niedersachsen

C *Complete the following with the appropriate definite article.*

1. _____ Mann ist nicht hier.
2. _____ Bluse ist sehr schön.
3. _____ Kaufhaus hat Sommerschlussverkauf.
4. _____ Weste ist aus Leder.
5. _____ Kleid ist nicht teuer.
6. _____ Regenmantel ist nicht billig.
7. _____ Hemd ist gross.
8. _____ Taxe kommt.
9. _____ Preis ist herabgesetzt.
10. _____ Rock ist für Gertrud.

D *Rewrite the following in the plural.*

1. Der Preis ist herabgesetzt.
2. Die Bluse ist schön.
3. Der Regenmantel ist billig.
4. Im Zentrum ist das Kaufhaus.
5. Die Weste ist klein.

6. Das Hemd ist für Robert.
7. Der Mann hat eine Gastwirtschaft.
8. Der Ausverkauf ist im August.

E *Rewrite each sentence, replacing the subject with the nominative pronoun.*

1. Die Bluse ist neu.
2. Das Kleid ist teuer.
3. Der Anzug ist schick.
4. Die Weste ist aus Leder.
5. Der Trenchcoat ist schön.
6. Die Gastwirtschaft ist in der Maximilianstrasse.
7. Das Einfamilienhaus ist in der Karlstrasse.
8. Der Volkswagen ist ein Super-Beetle.
9. Die Familie Heidemann ist nett.
10. Die Stadt ist schön.

F *Complete with the appropriate accusative pronouns.*

1. Ich kaufe das Kleid. Ich brauche _____.
2. Ich kaufe einen Trenchcoat. Ich brauche _____.
3. Ich kaufe die Platte. Ich brauche _____.
4. Ich kaufe den Pullover. Ich brauche _____.
5. Ich kaufe den Mantel. Ich brauche _____.

G *Answer the following questions, using the appropriate accusative pronoun.*

1. Schickt der Junge das Paket?
2. Mietest du den Strandkorb?

Herrenhäuser Garten

3. Schreibt Karl den Brief?
4. Machst du das Abendessen?
5. Kaufen die Mädchen den Regenmantel?
6. Bringt Ingrid den Kuchen?
7. Ruft der Mann die Taxe?
8. Schicken Sie das Geschenk?

H   *Replace the direct objects with the accusative pronoun in the following sentences.*

1. Erika hat die Theaterkarten.
2. Wir kaufen die Hemden.
3. Sie brauchen die Platten.
4. Karl hat die Fussbälle.
5. Der Vater schickt die Pakete.
6. Ingrid braucht die Regenmäntel.
7. Wir bekommen die Geschenke.

I   *Answer each question, using transposed word order.*

1. Glaubst du, dass New York schön ist?
2. Glaubst du, dass ein Volkswagen billig ist?
3. Glaubst du, dass ein Mercedes elegant ist?
4. Glaubst du, dass du freundlich bist?
5. Glaubst du, dass du nett bist?
6. Glaubst du, dass du gut in Deutsch bist?

J   *Rewrite each sentence, starting it with:* Ich glaube, dass . . .

1. *Brenninkmeyer* ist ein Kaufhaus.
2. Hannover ist in Niedersachsen.
3. Bayern ist in Süddeutschland.
4. Der Pullover kostet zwanzig Mark.
5. Ich bestelle eine Cola.
6. Die Hose ist schön.

K   *Answer the following questions in paragraph form.*

Was haben viele Geschäfte im August in Deutschland?
Wie heisst ein Kaufhaus in Hannover?
Wie sind die Preise im Ausverkauf?
Geht die Familie Schröder einkaufen?
Was braucht Gertrud Schröder?
Was braucht Jörg Schröder?

Mündliche Zusammenfassung

Aufgabe 6

1   Ute spricht am Telefon.
Ute ist im Wohnzimmer.
Gertrud nimmt eine Praline.
Sie isst.
Sie wird dick und fett.
Der Hund schläft schon.

2   Karl liest das Fernsehprogramm.
Er liest das Fernsehprogramm für heute abend.
Er liest die Zeitung nicht.

3   Im Fernsehen gibt es einen Film.
Der Film ist noch nicht vorbei.
Ute macht mit Christine Englischhausarbeiten.
Ute hilft Christine.

4 Heinz sieht gern Nachrichten.
Er sieht Werbung nicht gern.

4

5 Dieter fährt nach Tübingen.
Er trifft Heinz.
Die Strassen sind eng.
Überall sind Blumen.

5

Übungen

A Beantworten Sie die Fragen, bitte!
1. Wer spricht am Telefon?
2. Wo ist Ute?
3. Was nimmt Gertrud?
4. Isst sie eine Praline?
5. Schläft der Hund?
6. Was liest Karl?
7. Was gibt es im Fernsehen?
8. Ist der Film vorbei?
9. Hilft Ute Christine?
10. Sieht Heinz gern Nachrichten?
11. Sieht Heinz gern Werbung?
12. Wer fährt nach Tübingen?
13. Trifft Dieter Heinz?
14. Wie sind die Strassen?
15. Wo sind die Blumen?

B Ergänzen Sie, bitte!
1. Ute ist im _____, nicht im Esszimmer.
2. Ute spricht am _____.
3. Karl liest das _____.
4. Im _____ gibt es einen Film.
5. Heinz sieht gern die _____.
6. Ute _____ Christine mit Englischhausarbeiten.
7. Die Strassen sind _____.
8. Der Film ist um halb elf _____.
9. Dieter _____ nach Tübingen.
10. Maxi, der _____, schläft im Wohnzimmer.

Nomen

A. Ersetzen Sie, bitte!

Der Film
Die Praline
Die Zeitung
Das Fernsehprogramm
} ist gut.

Der Hund
Die Blume
Das Wohnzimmer
Das Telefon
} ist hier.

B. Beantworten Sie die Fragen, bitte!

Ist der Hund gross?
Ist der Film interessant?
Ist die Praline gut?
Ist die Blume schön?
Ist die Zeitung interessant?
Ist das Wohnzimmer gross?
Ist das Telefon im Wohnzimmer?
Ist das Fernsehprogramm für heute abend?

C. Ersetzen Sie, bitte!

Die
| Hunde
| Filme
| Fernsehprogramme | sind schön.
| Blumen
| Pralinen

Die
| Filme
| Zeitungen | sind interessant.
| Nachrichten

D. Beantworten Sie die Fragen, bitte!

Sind die Hunde gross?
Sind die Filme vorbei?
Sind die Pralinen gut?
Sind die Blumen überall?
Sind die Zeitungen interessant?
Sind die Nachrichten um acht Uhr vorbei?
Sind die Telefone modern?
Sind die Wohnzimmer schön?

Grammatik

The nouns presented in this lesson are:

Singular	Plural
der Hund	die Hunde
der Film	die Filme
die Praline	die Pralinen
die Blume	die Blumen
die Zeitung	die Zeitungen

Singular	Plural
die Nachricht	die Nachrichten
die Werbung	die Werbungen
das Wohnzimmer	die Wohnzimmer
das Telefon	die Telefone
das Fernsehprogramm	die Fernsehprogramme

Ute spricht am Telefon, Heidelberg

Struktur

Verben, die sich verändern

e → ie, e → i

Plural

A.   Wiederholen Sie, bitte!

Wir sehen einen Film.
Wir lesen die Zeitung.

Die Jungen essen Käse.
Sie helfen Christine.

B.   Ersetzen Sie, bitte!

Wir essen
| Käse.
| Wurst.
| Brezeln.
| Brot.
| Pralinen.

Sie sprechen mit
| Anni.
| Peter.
| Helga.

Trefft ihr
| Peter?
| Heinz?
| Ute?
| Ingrid?

C.   Beantworten Sie die Fragen, bitte!

Sehen die Jungen einen Film?
Sehen die Mädchen die Nachrichten?
Lesen Hans und Dieter?
Lesen sie die Zeitung?
Sprechen Ingrid und Ute Deutsch?
Sprechen sie am Telefon?
Nehmen die Kinder eine Praline?
Treffen die Freunde Peter?
Werden die Jungen dick und fett?
Helfen die Künstler Erika?

Sehen Sie den Film?
Lesen Sie den Brief?
Sprechen Sie Französisch?
Essen Sie viel?
Treffen Sie die Freundinnen?
Geben Sie Peter die Zeitung?
Helfen Sie Robert?
Nehmen Sie Pralinen?

Sprecht ihr am Telefon?
Gebt ihr Maxi das Brot?
Esst ihr Käse?
Lest ihr viel?
Trefft ihr Peter?
Helft ihr Karin?
Werdet ihr dick?

D.   Folgen Sie den Anweisungen, bitte!

Fragen Sie Frau Schmitt und Herrn Obermeyer,
   ob sie Englisch sprechen!
Fragen Sie Frau Dietrich und Frau Müller, ob sie
   die Zeitung lesen!
Fragen Sie Herrn Tiedemann und Herrn Braun,
   ob sie viel essen!
Fragen Sie die Jungen, ob sie Pralinen nehmen!
Fragen Sie die Mädchen, ob sie einen Freund
   treffen!

Erste Person—Singular

A.   Wiederholen Sie, bitte!

Ich lese viel.
Ich sehe einen Film.

B.   Beantworten Sie die Fragen, bitte!

Siehst du Nachrichten?
Siehst du einen Film?
Siehst du Hans?
Liest du das Buch?
Liest du das Fernsehprogramm?
Sprichst du Deutsch?
Sprichst du am Telefon?
Sprichst du mit Erika?

Isst du viel?
Isst du im Esszimmer?
Triffst du Robert?
Triffst du eine Freundin?
Gibst du Peter die Zeitung?
Gibst du Ingrid die Praline?
Hilfst du Peter?
Nimmst du eine Praline?
Wirst du dick und fett?

Zweite Person—Singular

A. Ersetzen Sie, bitte!

Siehst
Liest | du die Zeitung?
Nimmst |

Siehst
Triffst | du Erika?
Hilfst |

B. Folgen Sie den Anweisungen, bitte!

Fragen Sie Hans, ob er den Film sieht!
Fragen Sie Heinz, ob er Ingrid hilft!
Fragen Sie Erika, ob sie Peter trifft!

Fragen Sie den Jungen, ob er Deutsch spricht!
Fragen Sie das Mädchen, ob sie nervös wird!

Dritte Person—Singular

A. Wiederholen Sie, bitte!

Hans sieht das Programm.
Er liest das Fernsehprogramm.
Ingrid spricht mit Erika.
Karl isst viel.
Er trifft eine Freundin.
Erika hilft Dieter.
Karl wird dick.

B. Beantworten Sie die Fragen, bitte!

Sieht Karl das Programm?
Was sieht er?
Liest Ingrid die Zeitung?
Was liest sie?
Spricht Dieter Russisch?
Was spricht er?
Isst die Familie im Esszimmer?
Wo isst die Familie?
Trifft Peter Ingrid?
Nimmt Ute eine Praline?
Wird Karl dick und fett?

Grammatik

Some verbs in German are stem-changing verbs. This means that there is a pronunciation and spelling change in the stem. This change takes place only in the second and third person singular forms. The verbs *sehen* and *lesen* change to *-ie*.

sehen	*lesen*
ich sehe	ich lese
du siehst	du liest
er, sie, es sieht	er, sie, es liest
wir sehen	wir lesen
ihr seht	ihr lest
sie, Sie sehen	sie lesen

Der Hund schläft nicht im Wohnzimmer, Garmisch

The verbs *sprechen, essen, treffen, geben, helfen, nehmen,* and *werden* change to *-i.*

sprechen	*essen*	*geben*	*helfen*
ich spreche	ich esse	ich gebe	ich helfe
du sprichst	du isst	du gibst	du hilfst
er spricht	er isst	er gibt	er hilft
wir sprechen	wir essen	wir geben	wir helfen
ihr sprecht	ihr esst	ihr gebt	ihr helft
sie sprechen	sie essen	sie geben	sie helfen

Note the special spelling of the verb *werden.*

ich werde	wir werden
du wirst	ihr werdet
er wird	sie werden

Verben, die sich verändern

a → ä

Plural

A. Wiederholen Sie, bitte!

Wir fahren nach Hause.
Wir schlafen viel.
Wir backen einen Kuchen.

Die Jungen fahren nach Tübingen.
Sie schlafen bis sieben.

Ihr fahrt nach München.
Ihr schlaft gut.

B. Beantworten Sie die Fragen, bitte!

Fahren die Jungen nach München?
Fahren die Mädchen nach Hause?
Fahren die Freunde an die Nordsee?
Schlafen die Kinder?
Schlafen Karin und Gertrud?
Schlafen die Hunde?
Backen die Mädchen den Kuchen?

Fahren Sie nach München?
Fahren Sie Auto?
Schlafen Sie acht Stunden?
Schlafen Sie gut?
Backen Sie einen Geburtstagskuchen?

Fahrt ihr an die Ostsee?
Fahrt ihr nach Paris?
Schlaft ihr hier?

C. Folgen Sie den Anweisungen, bitte!

Fragen Sie Herrn Bauer und Herrn Schmitt, ob
  sie acht Stunden schlafen!
Fragen Sie Fräulein Kaufmann und Fräulein
  Schröder, ob sie nach Hamburg fahren!
Fragen Sie die Jungen, ob sie an die Nordsee
  fahren!
Fragen Sie die Mädchen, ob sie acht Stunden
  schlafen!

Erste Person—Singular

A. Ersetzen Sie, bitte!

Ich fahre nach | Berlin.
               | München.
               | Paris.

Ich schlafe | hier.
            | gut.
            | acht Stunden.

B. Beantworten Sie die Fragen, bitte!

Fährst du Auto?
Fährst du schnell?
Fährst du nach Berlin?
Schläfst du viel?
Schläfst du acht Stunden?
Bäckst du einen Kuchen?

Zweite Person—Singular

A. Ersetzen Sie, bitte!

Du fährst nach | Berlin, |
               | Bonn, | nicht wahr?
               | Hamburg,|

Du schläfst | gut.
            | hier.
            | viel.

B. Folgen Sie den Anweisungen, bitte!

Fragen Sie Hans, ob er Auto fährt!
Fragen Sie Johanna, ob sie schnell fährt!
Fragen Sie Ingrid, ob sie gut schläft!
Fragen Sie Peter, ob er acht Stunden schläft!

Dritte Person—Singular

A. Wiederholen Sie, bitte!

Erika fährt an die Nordsee.
Hans fährt Auto.
Der Hund schläft.
Ingrid bäckt einen Kuchen.

B.   Beantworten Sie die Fragen, bitte!

Fährt Karin nach Paris?
Mit wem fährt sie nach Paris?
Fährt Karl schnell?
Wie fährt Karl?

Fährt der Junge an die Nordsee?
Schläft ein Hund viel?
Schläft der Hund im Wohnzimmer?
Bäckt Gerda einen Kuchen?

*Es gibt viele
Studenten in Tübingen*

Grammatik

The verbs *schlafen*, *backen*, and *fahren* are also stem-changing verbs. In the second and third-person singular forms, the stem changes from *a* to *ä*.

schlafen	*fahren*
ich schlafe	ich fahre
du schläfst	du fährst
er, sie, es schläft	er fährt
wir schlafen	wir fahren
ihr schlaft	ihr fahrt
sie, Sie schlafen	sie fahren

Zusammenfassung

Folgen Sie dem Beispiel, bitte!

Dieter sieht den Film.   Und du? →
Ich sehe den Film auch.

Wir lesen die Zeitung.   Und ihr?
Ich sehe ein Programm im Fernsehen.   Und du?

Der Neckar, Tübingen

Klaus spricht Deutsch.   Und Peter?
Wir backen einen Kuchen.   Und Gerda?
Erika trifft Klaus.   Und du?
Axel wird dick und fett.   Und Thomas?
Sie fahren im Sommer nach Amsterdam.   Und ihr?
Ich schlafe viel.   Und der Hund?
Wir fahren Auto.   Und Hans?

Das Wort *lieber*

A.   *Wiederholen Sie, bitte!*

Helga schwimmt gern.   Ich spiele lieber Tennis.
Peter trinkt gern Tee.   Ich trinke lieber Kaffee.
Sie essen gern Kuchen.   Wir essen lieber Eis.

B.   *Ersetzen Sie, bitte!*

Ich spiele lieber | Fussball.
| Golf.
| Tischtennis.

Wir fahren lieber nach | Paris.
| Amsterdam.
| München.

Sprichst du lieber mit | Marie?
| Gerda?
| Ute?

C.   *Beantworten Sie die Fragen, bitte!*

Spielst du lieber Golf oder Tennis?
Trinkst du lieber Wasser oder Milch?
Isst du lieber Käse oder Wurst?
Sprecht ihr lieber Deutsch oder Englisch?
Fahrt ihr lieber nach Deutschland oder nach England?
Geht ihr lieber ins Kino oder ins Museum?
Spielt er lieber Fussball oder Tennis?
Liest er lieber ein Buch oder eine Zeitung?

Grammatik

The word *lieber* with a verb expresses preference.

Ich spiele lieber Tennis.   I prefer to play tennis.

Zusammenfassung

Folgen Sie dem Beispiel, bitte!

Klaus spielt gern Fussball?   Und du? →
Ich spiele lieber Tennis.

Wir trinken gern Limonade.   Und ihr?
Detlev isst gern Eis.   Und Klaus?
Erika fährt gern nach München.   Und du?
Wir sprechen gern Deutsch.   Und Frank?
Ingrid sieht gern Nachrichten.   Und Peter?
Ich esse gern Käse.   Und er?

Gespräch

Nach Deutschland

Robert Sag mal John, was liest du da?

John *Die Welt*, 'ne deutsche Zeitung.

Robert Warum liest du sie denn?

John Ich fahre nach Deutschland.

Robert Du fährst nach Deutschland? Ja, wann denn?

John Im Herbst. Wahrscheinlich im September.

Robert Das ist toll. Was machst du in Deutschland?

John Ich besuche das Gymnasium in Tübingen.

Fragen

1. Mit wem spricht Robert?
2. Was liest John?
3. Warum liest er sie?
4. Wann fährt er nach Deutschland?
5. Ist das toll?
6. Was macht John in Deutschland?

Aussprache

ch	*ch*	*sch*
nicht	auch	hübsch
hässlich	braucht	Deutsch
freundlich	Nachmittag	scheint
München	Kuchen	schreibt
Kirchen	machen	schwimmt
	besuchen	Tisch
	Sprachen	Englisch
	Sachen	Schule
	noch	schon
	Nachrichten	Schuhe

st	*sp*
Stadt	spielt
Strand	Sprachen
bestellt	spricht
Strassenbahn	sprechen
Stück	
Strassen	

Die Strassen sind eng in Tübingen

Lesestück

glücklich   *happy*
verbringt   *spends*
mittelalterlich   *medieval*

nämlich   *namely*
hat . . . gern   *likes*

über   *about*
lieben   *love*
gewöhnlich   *usually*
in die Berge   *to the mountains*
nur   *only*
spazieren   *to walk*

Ein Amerikaner in Deutschland

John, ein Amerikaner, kommt aus Minneapolis. Er ist sehr glücklich, denn er verbringt ein Jahr in Deutschland. Er wohnt bei Heinz Bauer in Tübingen. Die Stadt Tübingen ist sehr romantisch und mittelalterlich. Die Strassen sind eng und alt. Es gibt viele Fachwerkhäuser, und überall sind Blumen. In Tübingen trifft John viele Studenten. Da ist nämlich eine Universität. John hat Tübingen gern, denn da ist immer etwas los.

Es ist September. Heute abend gibt die Familie Bauer eine Party für John. Er trifft die Freunde und Freundinnen von Heinz. Alle sind sehr nett. Ute, die Schwester von Heinz, holt Snacks, und die Jungen essen. Sie sprechen über die Sommerferien. Alle lieben den Sommer. Erika, eine Freundin von Heinz, fährt gewöhnlich an die Nordsee, Peter in die Berge. Dieter geht immer nach Spanien, und Robert ist Strandbummler in Capri. Nur Detlev bleibt zu Hause. In Tübingen hat er eine Freundin, und die zwei gehen im Park spazieren.

Ingrid liest das Fernsehprogramm. Sie sagt: „Im Fernsehen gibt es einen amerikanischen Film.

Um halb elf ist der Film vorbei. John fragt: „Gibt es keine Werbung im Fernsehen?"

„Ja, aber sie ist schon vorbei. Wir haben eine halbe Stunde Werbung, und jetzt von halb elf bis elf kommen Nachrichten."

Um halb elf sind alle müde und gehen nach Hause.

Fragen

1. Wer ist Amerikaner?
2. Kommt er aus Minneapolis?
3. Wo verbringt er ein Jahr?
4. Wohnt John in Tübingen?
5. Wie ist Tübingen?
6. Wie sind die Strassen? Und die Häuser?
7. Wen trifft John in Tübingen?
8. Was ist da?
9. Was gibt die Familie Bauer?
10. Wer trifft die Freunde und Freundinnen von Heinz?
11. Wer holt Snacks?
12. Was essen die Jungen?
13. Was lieben alle?
14. Wohin fährt Erika? Und Peter?
15. Wer geht immer nach Spanien?
16. Was wird Robert?
17. Wer bleibt zu Hause?
18. Was liest Ingrid?
19. Was gibt es im Fernsehen?
20. Wie lange ist Werbung im Fernsehen in Deutschland?
21. Wann kommen Nachrichten?
22. Wann gehen alle nach Hause?

Übungen zum Schreiben

A *Complete the following paragraph with appropriate words.*

Ute ist im _____. Sie _____ mit Erika am _____. Ute nimmt eine Praline und _____. Der _____ Maxi schläft schon. Karl ist auch im Wohnzimmer. Er spricht nicht. Er _____ das _____ für heute _____. Im Fernsehen gibt es einen _____. Der Film ist um elf Uhr _____.

B *Complete the following with an appropriate word.*

1. In Tübingen sind die Strassen _____.
2. Die Blumen sind _____.

Ein Amerikaner in Deutschland, München

3. Heinz sieht gern _____, nicht _____.
4. Der Junge isst viel, und er wird _____ und _____.
5. Ute _____ Christine.

C *Complete the following with the appropriate definite article.*

1. _____ Blume ist schön.
2. _____ Wohnzimmer ist nicht gross.
3. _____ Zeitung ist interessant.
4. Wo ist _____ Telefon?
5. _____ Fernsehprogramm ist nicht im Wohnzimmer.
6. Wo schläft _____ Hund?
7. _____ Praline ist gut.
8. _____ Film ist um acht Uhr vorbei.

D *Rewrite the following in the plural.*

1. Der Hund ist hier.
2. Die Blume ist sehr schön.
3. Das Telefon ist im Wohnzimmer.
4. Der Film ist gut.
5. Das Wohnzimmer ist schön.
6. Die Zeitung ist im Wohnzimmer.
7. Wo ist das Fernsehprogramm?
8. Die Praline ist gut.

E *Complete the following with the appropriate form of the indicated verb.*

1. Herr Heidemann _____ gern Nachrichten. *sehen*
2. Wir _____ gern am Telefon. *sprechen*
3. Mutti _____ die Zeitung. *lesen*
4. Ich _____ gern Käse. *essen*
5. _____ du Peter morgen? *treffen*
6. Dieter _____ Maxi die Wurst. *geben*
7. Erika _____ Klaus. *helfen*
8. Wir _____ nervös. *werden*
9. Ich _____ zehn Mark. *nehmen*
10. _____ du viel? *lesen*

F *Complete the following with the appropriate form of the indicated verb.*

1. Ich _____ gern. *schlafen*
2. _____ du im Sommer nach Italien? *fahren*
3. Wir _____ im September nach Holland. *fahren*
4. Er _____ viel. *schlafen*
5. Karl _____ Auto. *fahren*
6. Erika _____ den Kuchen. *backen*
7. Sie _____ acht Stunden. *schlafen*
8. Du _____ immer nach München. *fahren*

Überall sind Blumen in Tübingen

9. Die Jungen ———— hier. *schlafen*
10. Was ———— du, Ingrid? *backen*

G *Rewrite the following sentences changing the subject to the plural.*
1. Er sieht gern die Nachrichten.
2. Sie spricht mit Klaus am Telefon.
3. Sie liest die Zeitung.
4. Er nimmt den Käse.
5. Sie fährt Auto.

H *Rewrite the following in the singular.*
1. Die Hunde schlafen.
2. Die Mädchen fahren nach Paris.
3. Die Jungen essen Käse.
4. Die Freundinnen sprechen am Telefon.
5. Sie nehmen eine Praline.

I *Rewrite each sentence, expressing preference.*
1. Klaus und Peter spielen Tennis.
2. Isst du Chips?
3. Ich fahre den Mustang.
4. Petra trinkt Tee.
5. Wir sehen das Fernsehprogramm.

J *Answer the following questions.*
1. Gehst du gern ins Kino?
2. Siehst du lieber ein Fernsehprogramm?
3. Trinkst du lieber Wein oder Bier?
4. Isst du lieber Brot oder Kuchen?
5. Machst du gern Hausarbeiten?
6. Lernst du lieber Deutsch oder Englisch?
7. Fährst du lieber einen Volkswagen oder einen Mustang?
8. Sprichst du lieber Deutsch oder Englisch?

K *Answer the following in paragraph form, according to the cue.*
Wer ist Amerikaner? *John*
Wie ist er? *sehr glücklich*
Wo verbringt er ein Jahr? *Deutschland*
Wohnt er in Tübingen oder in München? *Tübingen*
Wie ist Tübingen? *schön und romantisch*
Wie sind die Strassen? *eng*
Wo sind Blumen? *überall*
Was hat Tübingen? *eine Universität*

Mündliche Zusammenfassung

121

Aufgabe 7

1   Jetzt sind Herbstferien.
    Die Mädchen fliegen nach London.
    Sie sind auf dem Flughafen.
    Sie nehmen ein Flugzeug.
    Der Flug ist um zwei Uhr fünf.
    Die Fluggesellschaft heisst Lufthansa.
    Da ist der Lufthansaschalter.

2   Da ist die Stewardess.
    Die Passagiere zeigen die Flugkarten und Pässe.
    Sie gehen zum Ausgang Nummer zwei.
    Ein Mann wiegt das Gepäck.

1

2

Übungen

A Beantworten Sie die Fragen, bitte!
1. Was machen die Mädchen?
2. Wohin fliegen sie?
3. Wo sind sie jetzt?
4. Was nehmen sie?
5. Ist das der Lufthansaschalter?
6. Ist die Stewardess da?
7. Was zeigen die Passagiere?
8. Wohin gehen sie?
9. Was wiegt ein Mann?

B Ergänzen Sie, bitte!
1. Jetzt sind _____.
2. Die Mädchen fliegen _____ London.
3. Die _____ heisst Lufthansa.
4. Die Mädchen sind auf dem _____.
5. Die _____ ist hübsch.
6. Die Mädchen haben die _____ und _____.
7. Sie gehen zum _____ Nummer zwei.
8. Er _____ das Gepäck.

Der Flughafen, Hamburg

124

Nomen

A. Wiederholen Sie, bitte!

Der Flughafen ist gross.
Der Ausgang ist hier.
Der Flug ist voll.
Die Fluggesellschaft ist Lufthansa.
Die Stewardess ist hübsch.
Das Gepäck ist hier.

B. Beantworten Sie die Fragen, bitte!

Ist der Flughafen in Hamburg?
Ist der Ausgang hier?
Fliegt der Passagier nach Frankfurt?
Ist die Fluggesellschaft gut?
Ist das Gepäck hier?

C. Beantworten Sie die Fragen, bitte!

Sind die Flughäfen modern?
Sind die Fluggesellschaften deutsch?
Sind die Flüge voll?
Sind die Ausgänge hier?
Sind die Stewardessen hübsch?

Grammatik

The nouns presented in this lesson are:

Singular	Plural		Singular	Plural
der Flughafen	die Flughäfen		der Schalter	die Schalter
der Flug	die Flüge		die Flugkarte	die Flugkarten
der Pass	die Pässe		die Fluggesellschaft	die Fluggesellschaften
der Ausgang	die Ausgänge		die Stewardess	die Stewardessen
der Passagier	die Passagiere		das Gepäck	

Struktur

Der Imperativ mit *Sie*

A. Wiederholen Sie, bitte!

Lernen Sie Englisch!
Kommen Sie!
Gehen Sie!

B. Ersetzen Sie, bitte!

Bringen
Kaufen
Lernen   Sie das!
Machen
Holen

C. Beantworten Sie die Fragen nach dem Beispiel, bitte!

Lerne ich Deutsch? →
Ja, lernen Sie Deutsch!

Backe ich einen Kuchen?
Hole ich den Wein?
Schreibe ich einen Brief?
Trinke ich eine Cola?
Bestelle ich ein Eis?
Spiele ich Fussball?
Schwimme ich?
Gehe ich ins Kino?
Mache ich Hausarbeiten?

Der Lufthansaschalter, Hamburg

Grammatik

The polite command is formed by using the infinitive of a verb and adding *Sie!* This form is used both for singular and plural polite commands.

kommen	Kommen Sie!
gehen	Gehen Sie!
spielen	Spielen Sie!

Zusammenfassung

Beantworten Sie die Fragen mit einem Befehl, bitte!

Lernen wir Englisch? →
Ja, lernen Sie Englisch!

Fliegen wir nach London?
Fliege ich mit Lufthansa?

Sage ich etwas?
Fragen wir?
Wiegen wir das Gepäck?
Gehe ich jetzt?
Fahren wir nach Paris?

Der Imperativ für *du*

Reguläre Verben

A. *Wiederholen Sie, bitte!*

Komm doch!
Mach schnell!
Geh doch!

B. *Beantworten Sie die Fragen nach dem Beispiel, bitte!*

Komme ich? →
Ja, komm doch!

Gehe ich?
Bringe ich einen Kuchen?
Lerne ich Englisch?
Mache ich die Hausarbeiten?
Bestelle ich Bier?
Schreibe ich den Brief?
Kaufe ich das Hemd?
Komme ich mit Dieter?
Besuche ich Onkel Rudolf?

Grammatik

The familiar singular command for regular verbs is formed by leaving off the *-en* ending of the infinitive. The pronoun *du* is not expressed. *Doch* is often used to soften a command.

kommen	Komm doch, Peter!
schreiben	Schreib, Ingrid!
kaufen	Kauf, Erika!

Irreguläre Verben

A. *Wiederholen Sie, bitte!*

Sprich Deutsch, Ingrid!
Iss die Suppe!
Nimm das Paket!
Hilf Christine!

B. *Folgen Sie dem Beispiel, bitte!*

Sprichst du Deutsch? →
Sprich doch Deutsch!

Isst du die Wurst?
Siehst du den Film?
Sprichst du Englisch?
Triffst du Arthur?
Gibst du Anni das Buch?
Hilfst du Peter?
Nimmst du ein Flugzeug?
Liest du die Zeitung?
Sprichst du Deutsch?

Grammatik

The irregular verbs presented in Lesson 6 are also irregular in the familiar singular command. The command is formed by dropping the -*st* ending of the second person singular of the conjugated verb. Note that the verbs *essen* and *lesen* drop only the -*t*.

infinitive	second person singular	familiar command
sehen	du siehst	Sieh!
sprechen	du sprichst	Sprich!
treffen	du triffst	Triff!
geben	du gibst	Gib!
helfen	du hilfst	Hilf!
nehmen	du nimmst	Nimm!
lesen	du liest	Lies!
essen	du isst	Iss!

Zusammenfassung

Folgen Sie dem Beispiel, bitte!

Kommen Sie, Fräulein Schmitt! →
Und du, Erika, komm!

Essen Sie das Eis, Fräulein!
Schreiben Sie, Fräulein!
Lernen Sie Deutsch!

Die Stewardess ist sehr nett

Die Leute zeigen die Flugkarten und wiegen das Gepäck

Kaufen Sie die Bluse!
Sprechen Sie Englisch!
Machen Sie schnell, Frau Meyer!
Bestellen Sie die Cola!
Bringen Sie das Auto!
Fliegen Sie mit Lufthansa, Herr Meyer!

Der Imperativ mit *wir*

A. Wiederholen Sie, bitte!

Sprechen wir Deutsch!
Gehen wir!
Spielen wir Fussball!

B. Ersetzen Sie, bitte!

Essen
Kaufen
Trinken | wir das!
Machen
Lesen

C. Beantworten Sie die Fragen nach dem Beispiel, bitte!

| Lernen wir Deutsch? →
| Ja, lernen wir Deutsch!

Kaufen wir die Platte?
Gehen wir ins Kino?
Hören wir die Platte?
Machen wir die Hausarbeiten?
Essen wir den Kuchen?
Bestellen wir Limonade?
Fahren wir nach Berlin?
Nehmen wir den Wagen?

Grammatik

The "let us" command is formed by using the infinitive of a verb plus *wir*.

sprechen	Sprechen wir!
fliegen	Fliegen wir!
studieren	Studieren wir!

Zusammenfassung

Beantworten Sie die Fragen nach dem Beispiel, bitte!

| Nehmt ihr den Flug? →
| Ja, nehmen wir den Flug!

Fliegt ihr nach Amsterdam?
Wiegt ihr das Gepäck?
Trinkt ihr etwas?
Schreibt ihr eine Karte?
Geht ihr zur Schule?
Schlaft ihr?

*Das Goethehaus,
Frankfurt*

Der Imperativ für *ihr*

A.   Wiederholen Sie, bitte!

Dieter und Klaus, sprecht doch Deutsch!
Erika und Bernd, spielt Tennis!
Karin, Gisela und Frank, esst das Eis!

B.   Beantworten Sie die Fragen nach dem Beispiel, bitte!

   Kaufen wir die Platte? →
   Ja, kauft die Platte!

Schwimmen wir?
Nehmen wir Lufthansa?
Fahren wir nach Hamburg?
Helfen wir Christine?
Sehen wir den Film?
Trinken wir das Bier?

Grammatik

The familiar plural command is the same as the familiar plural verb form.

> Dieter und Klaus, sprecht ihr Deutsch?
> Dieter und Klaus, sprecht Deutsch!

Note that the word *ihr* is not used in the command.

Zusammenfassung

Beantworten Sie die Fragen nach den Beispielen, bitte!

> Gehen wir? →
> Ja, geht!

> Geht ihr? →
> Ja, gehen wir!

Kommen wir?
Sprechen wir Englisch?
Seht ihr den Film?
Fahrt ihr nach Hannover?
Fliegen wir nach Paris?

Nehmen wir den Flug?
Esst ihr schnell?
Lernt ihr Deutsch?
Schlafen wir viel?

Das Verb *mögen*

Dritte Person

Singular

A. *Wiederholen Sie, bitte!*
Erika mag den Mustang nicht.
Karl mag das Auto nicht.

B. *Ersetzen Sie, bitte!*

Petra mag | das Buch
die Zeitung
den Kuchen | nicht.

C. *Beantworten Sie die Fragen mit* nein, *bitte!*
¹Mag Klaus die Hose?
²Mag er den Fussball?
³Mag sie das Kleid?

⁴Mag er den Film?
⁵Mag sie die Musik?

Erste Person

Singular

A. *Wiederholen Sie, bitte!*
Ich mag Dieter nicht.
Ich mag das Mädchen nicht.
Ich mag den Film nicht.

B. *Beantworten Sie die Fragen mit* nein, *bitte!*
Magst du Peter?
Magst du Gisela?
Magst du das Auto?
Magst du das Hemd?
Magst du den Pullover?
Magst du die Hose?
Magst du sie?

Zweite Person

Singular

A. Wiederholen Sie, bitte!

Magst du Erika nicht?
Magst du den Film nicht?
Magst du das Buch nicht?

B. Folgen Sie den Anweisungen, bitte!

Fragen Sie Frank, ob er Erika mag!
Fragen Sie Erika, ob sie Frank mag!
Fragen Sie Karl, ob er den Film mag!
Fragen Sie Ingrid, ob sie das Hemd mag!

Plural

A. Wiederholen Sie, bitte!

Erika und Klaus mögen den Mercedes nicht.
Sie mögen den Film nicht.
Wir mögen die Stadt nicht.

B. Ersetzen Sie, bitte!

Sie mögen	Mathematik Musik Sport	nicht.

Wir mögen	Milch. Wein. Kaffee.

Ihr mögt	die Stadt die Universität das Haus	nicht.

C. Beantworten Sie die Fragen mit nein, bitte!

Mögen die Mädchen Tennis?
Mögen sie Fussball?
Mögen die Jungen Golf?
Mögen sie Musik?

Mögt ihr die Stadt?
Mögt ihr den Strand?
Mögt ihr Mathematik?
Mögt ihr das Haus?

D. Folgen Sie den Anweisungen, bitte!

Fragen Sie Frank und Erich, ob sie Fussball mögen!
Fragen Sie Erika und Ingrid, ob sie die Bluse mögen!
Fragen Sie die Mädchen, ob sie das Programm mögen!
Fragen Sie die Herren, ob sie Tennis mögen!
Fragen Sie die Damen, ob sie Golf mögen!

Die Strassen sind breit, Frankfurt

Die Stadt Frankfurt ist sehr modern

Grammatik

The verb *mögen* means "to like." *Mögen* is irregular in the singular forms but regular in the plural forms. This verb is most commonly used in the negative.

ich mag	wir mögen
du magst	ihr mögt
er, sie, es mag	sie, Sie mögen

Zusammenfassung

Folgen Sie dem Beispiel, bitte!

> Dieter mag das Auto nicht. Und du? →
> Ich mag das Auto auch nicht.

Erika mag Wein nicht. Und ihr?
Peter mag die Platten nicht. Und Erika?
Sie mögen Tennis nicht. Und du?
Du magst Eis nicht. Und die Oma?
Vati mag den Trenchcoat nicht. Und die Mädchen?
Uwe und Christian mögen London nicht. Und ihr?

Gespräch

Auf dem Flughafen

Marianne	Erika, wo ist denn der Ausgang?
Erika	Ich weiss nicht. Frag doch mal!
Marianne	Verzeihung! Wo ist der Ausgang Nummer zwei, bitte?
Mann	Wohin fliegen Sie denn, Fräulein?
Marianne	Wir fliegen nach London.
Mann	Haben Sie die Flugkarte und den Pass?
Marianne	Ja, hier sind sie.
Mann	Danke schön. Gehen Sie geradeaus!

Fragen

1. Mit wem spricht Marianne?
2. Wohin fliegen die zwei Mädchen?
3. Hat Marianne die Flugkarte und den Pass?
4. Wo ist der Ausgang Nummer zwei?

134

Aussprache

-ig	*-ch*	*-g*
billig	freundlich	Flug
		Montag
		Samstag
		Anzug

ch	*ck*
Sachen	schicken
noch	schickt
auch	Gepäck

Geschäftsleute kommen aus aller Welt

135

Lesestück

nämlich   *namely*
deshalb   *for that reason*

prüft   *checks*

seit   *since*

breit   *wide*
wichtig   *important*
der Geschäftsmann   *business-man*
aus aller Welt   *from all over the world*

Auf dem Flughafen

Gabriele Erhart und Irmtraud Schreiber sind Freundinnen aus Bonn. Heute sind sie am Frankfurter Flughafen. Sie fliegen nämlich nach London. In Bonn studieren sie Englisch. Deshalb besuchen sie London gern.

Die beiden Mädchen sind ein bisschen nervös. Das Flugzeug fliegt um siebzehn Uhr, aber sie sind schon um zwölf Uhr am Lufthansaschalter. Die Stewardess ist sehr nett und prüft Gabrieles und Irmtrauds Flugkarten und Pässe. Sie wiegt auch das Gepäck.

„Wir haben fünf Stunden," sagt Gabriele.

„Was machen wir nur?"

„Warum fahren wir nicht nach Frankfurt?" antwortet Irmtraud.

Mit dem Bus fahren sie nach Frankfurt. Die Stadt ist sehr alt. Sie existiert schon seit 794. Goethe ist aus Frankfurt. Irmtraud und Gabriele besuchen das Goethehaus am Grossen Hirschgraben, 23.

Aber alles ist nicht alt in Frankfurt. Viele Gebäude sind neu. Die Strassen sind sehr breit. Die Stadt Frankfurt hat auch viel Industrie—Optik, Leder und Photographie. Wie auch viele Städte in Deutschland, ist Frankfurt sehr modern. Der Rhein-Main-Flughafen in Frankfurt ist wichtig. Hierher kommen Geschäftsleute aus aller Welt.

Fragen

1. Wie heissen die zwei Mädchen?
2. Sind sie aus Bonn?
3. Wo sind sie heute?
4. Wohin fliegen sie?
5. Was studieren sie in Bonn?
6. Sind die beiden Mädchen nervös?
7. Um wieviel Uhr fliegt das Flugzeug?
8. Um wieviel Uhr sind sie am Lufthansaschalter?
9. Was prüft die Stewardess?
10. Was wiegt sie?
11. Wohin fahren Gabriele und Irmtraud?
12. Ist die Stadt alt?
13. Wer ist aus Frankfurt?
14. Wo ist das Goethehaus?
15. Ist alles alt in Frankfurt?
16. Wie sind viele Gebäude?
17. Wie sind die Strassen?
18. Was hat die Stadt Frankfurt?
19. Sind viele Städte in Deutschland modern?
20. Ist der Rhein-Main-Flughafen wichtig?
21. Wer kommt hierher?

Endlich wieder zu Hause, Hamburg

Mit dem Bus fahren sie nach Frankfurt

Übungen zum Schreiben

A *Complete the following sentences with an appropriate word.*

1. Die zwei Mädchen _____ nach London.
2. Die deutsche _____ heisst Lufthansa.
3. Sie _____ das Gepäck.
4. Der Lufthansaschalter ist auf dem _____.
5. Die Mädchen zeigen die _____.
6. Sie gehen zum _____ zwei.

B *Complete the following with the appropriate definite article.*

1. _____ Flughafen ist modern.
2. _____ Stewardess ist jung und hübsch.
3. Heute ist _____ Flug voll.
4. _____ Gepäck ist auf dem Flughafen.
5. Wo ist _____ Ausgang?

C *Rewrite the following, making the subjects plural.*

1. Der Flug ist nicht leer.
2. Die Stewardess ist auf dem Flughafen.
3. Hier ist der Ausgang.
4. Der Flughafen ist nicht im Zentrum.

138

D   Complete the following with the appropriate form of the polite command.

1. _____ Sie schnell!   *machen*
2. _____ Sie die Zeitung!   *lesen*
3. _____ Sie nach Kiel!   *fahren*
4. _____ Sie!   *kommen*
5. _____ Sie das Gepäck!   *wiegen*

E   Complete the following with the appropriate form of the familiar singular command.

1. _____ die Platte!   *bringen*
2. _____ die Hausarbeiten!   *machen*
3. _____ Tennis!   *spielen*
4. _____ ein Eis.   *bestellen*
5. _____ um zwei Uhr!   *kommen*

F   Complete the following with the appropriate form of the familiar singular command.

1. _____ das Eis!   *essen*
2. _____ am Telefon!   *sprechen*
3. _____ Erika!   *treffen*
4. _____ die Zeitung!   *lesen*
5. _____ eine Praline!   *nehmen*
6. _____ Ingrid!   *helfen*

G   Follow the model.

> Die Jungen gehen in die Stadt. →
> Gehen wir auch in die Stadt!

1. Sie lesen die Zeitung.
2. Die Jungen spielen Ball.
3. Sie bestellen eine Limonade.
4. Die Freundinnen fahren nach Berlin.
5. Die Mädchen kaufen eine Bluse.
6. Sie sprechen Französisch.

H   Complete the following with the appropriate form of the familiar plural command.

1. _____ das Eis!   *essen*
2. _____ um zehn Uhr!   *kommen*
3. _____ Dieter!   *helfen*

4. _____ Bier! *trinken*

5. _____ nach London! *fliegen*

I *Complete the following with the appropriate command form.*

1. Klaus, _____ die Karte! *schreiben*

2. Fräulein Ehrhard, _____ Sie mir das Kleid! *zeigen*

3. Christian und Sabine, _____ Englisch! *sprechen*

4. _____ wir den Porsche! *kaufen*

5. Christine, _____ die Platte! *kaufen*

J *Complete the following with the appropriate form of* mögen.

1. Ich _____ die Platte nicht.

2. _____ du lange Pullover nicht?

3. Gabriele _____ Hosen nicht.

4. Dieter _____ den amerikanischen Film „2001" nicht.

5. Wir _____ die Stadt nicht.

6. Peter und Klaus _____ den Mercedes 180 SL nicht.

7. _____ ihr London nicht, Christine und Uwe?

8. Angelika und Hans _____ den Mustang nicht.

K *Rewrite the following in the singular.*

1. Wir mögen Eis.

2. Die Jungen mögen Mathematik nicht.

3. Wir mögen die Fluggesellschaft nicht.

4. Die Stewardessen mögen die Stadt nicht.

5. Wir mögen Käse.

6. Ihr mögt das Haus nicht.

L *Answer the following in paragraph form according to the cue.*

Wo bist du? *auf dem Flughafen*

Wo ist der Flughafen? *in New York*

Was suchst du? *den Lufthansaschalter*

Wo ist der Schalter? *geradeaus*

Was wiegst du? *das Gepäck*

Was zeigst du? *die Flugkarte und den Pass*

Wohin fliegst du? *nach Deutschland*

Wie bist du? *sehr glücklich*

Was hast du in Deutschland? *viele Freunde*

Welche Stadt besuchst du in Deutschland? *München*

Wie ist München? *sehr schön*

Mündliche Zusammenfassung

Aufgabe 8

Vokabeln

1 Im Dezember ist Weihnachten.
Es schneit zu Weihnachten.
Das ist der Weihnachtsmarkt.
Auf dem Weihnachtsmarkt sind viele Leute.

2 Der Mann verkauft Tannenbäume.
Er zeigt der Frau den Baum.

3 Heute ist Heiligabend.
Klaus schmückt den Tannenbaum.
Gerda bringt dem Bruder die Kugeln und die Lametta.

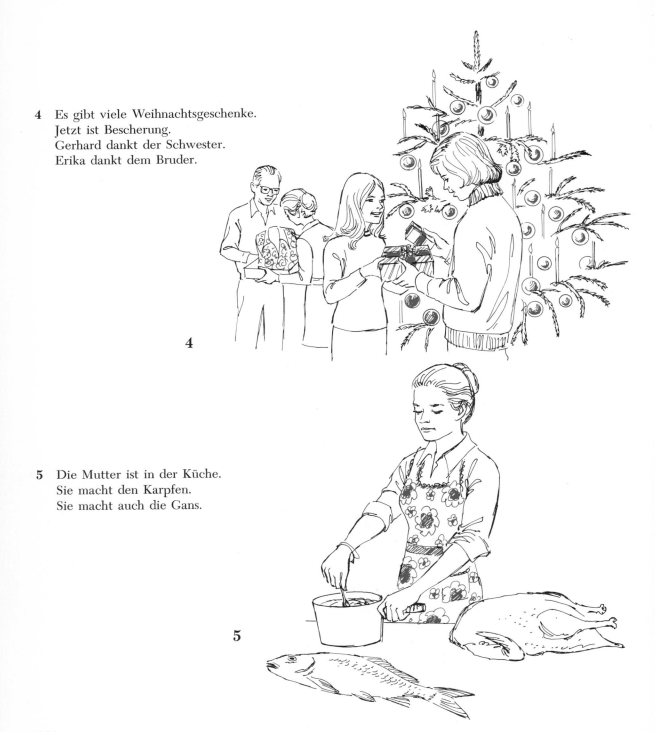

4　Es gibt viele Weihnachtsgeschenke.
　Jetzt ist Bescherung.
　Gerhard dankt der Schwester.
　Erika dankt dem Bruder.

4

5　Die Mutter ist in der Küche.
　Sie macht den Karpfen.
　Sie macht auch die Gans.

5

Übungen

A Beantworten Sie die Fragen, bitte!

1. Was ist im Dezember?
2. Schneit es zu Weihnachten?
3. Wo sind viele Leute?
4. Was macht der Mann?
5. Zeigt er der Frau den Baum?
6. Was schmückt Klaus?
7. Was bringt Gerda dem Bruder?
8. Gibt es viele Weihnachtsgeschenke?
9. Wo ist die Mutter?
10. Was macht die Mutter?

B Ergänzen Sie, bitte!

1. Im Dezember ist _____.
2. Es _____ im Dezember.
3. Die Leute sind auf dem _____.
4. Der Mann verkauft _____.
5. Klaus _____ den Tannenbaum.
6. Gerda bringt die _____ und die _____.
7. Es gibt viele Weihnachtsgeschenke. Es ist _____.
8. Die Mutter ist in der _____.
9. Die Mutter macht den _____ und die _____.

Der Mann kauft einen Tannenbaum,
Garmisch

145

Ein Lebkuchenhaus, Garmisch

Nomen

A. Ersetzen Sie, bitte!

Der Markt
Der Mann
Der Baum
Der Karpfen
Die Frau   ist hier.
Die Kugel
Die Küche
Die Gans

B. Beantworten Sie die Fragen, bitte!

Ist der Markt in der Stadt?
Ist der Mann intelligent?
Ist der Baum schön?
Ist der Karpfen gut?
Ist die Frau nett?
Ist die Kugel schön?
Ist die Küche modern?
Ist die Gans gut?

C. Ersetzen Sie, bitte!

Die | Männer / Märkte / Bäume | sind hier.

Die | Frauen / Kugeln / Küchen / Gänse | sind hier.

D. Geben Sie den Plural, bitte!

Der Markt ist im Zentrum.
Der Mann ist gross.
Der Baum ist schön.
Die Frau ist intelligent.
Die Kugel ist schön.
Die Küche ist modern.
Die Gans schmeckt gut.

Grammatik

The nouns presented in this lesson are:

Singular	Plural		Singular	Plural
der Mann	die Männer		die Frau	die Frauen
der Markt	die Märkte		die Kugel	die Kugeln
der Baum	die Bäume		die Küche	die Küchen
der Abend	die Abende		die Gans	die Gänse
der Karpfen	die Karpfen			
der Onkel	die Onkel			

Struktur

Dativ

Maskulin und Neutrum

Singular

A. *Wiederholen Sie, bitte!*

Erika kauft dem Vater ein Hemd.
Erika gibt dem Bruder eine Platte.
Hans schreibt dem Mädchen eine Karte.
Gerhard schickt dem Kind einen Ball.

B. *Ersetzen Sie, bitte!*

Christian
schenkt dem | Vater / Bruder / Freund / Onkel / Cousin / Grossvater | einen Schlips.

Anne schickt dem | Mädchen / Kind | eine Karte.

C. *Beantworten Sie die Fragen, bitte!*

Kauft Erika dem Vater eine Platte?
Was kauft Erika dem Vater?
Gibt Erika dem Bruder einen Fussball?

Was gibt Erika dem Bruder?
Schreibt Erika dem Onkel einen Brief?
Zeigt Erika dem Freund den Regenmantel?
Was zeigt Erika dem Freund?
Schreibt Gerhard dem Mädchen einen Brief?
Was schreibt Gerhard dem Mädchen?

Feminin

Singular

A. *Wiederholen Sie, bitte!*

Erika schreibt der Tante eine Karte.
Christian schenkt der Mutter einen Roman.
Christian gibt der Schwester eine Platte.

B. *Ersetzen Sie, bitte!*

Christian dankt der | Tante. / Schwester. / Mutter. / Freundin. / Grossmutter.

C. *Beantworten Sie die Fragen, bitte!*

Schreibt Erika der Tante einen Brief?
Was schreibt Erika der Tante?
Schickt Erika der Tante eine Weihnachtskarte?
Was schickt Erika der Tante?
Gibt Christian der Mutter einen Roman?

Kauft Christian der Schwester einen Pullover?
Zeigt Erika der Freundin das Geschenk?
Was zeigt Erika der Freundin?
Dankt Christian der Mutter?

D. *Beantworten Sie die Fragen, bitte!*

Gibt Erika dem Bruder eine Platte?
Geben Sie dem Freund eine Platte?
Kaufen Sie dem Onkel ein Hemd?
Schenkt Christian der Mutter einen Roman?
Schreibt Erika der Tante eine Karte?
Schicken Sie der Freundin ein Paket?
Zeigen Sie der Schwester die Platte?
Schreiben Sie dem Mädchen eine Weihnachts-
     karte?

Geben Sie dem Kind einen Fussball?
Dankt Christian dem Vater für die Geschenke?

E. *Beantworten Sie die Fragen, bitte!*

Heisst der Bruder Christian?
Gibt Erika dem Bruder eine Platte?
Ist der Vater nett?
Kauft Erika dem Vater ein Geschenk?
Heisst die Schwester Erika?
Schenkt Christian der Schwester eine Bluse?
Ist die Mutter hübsch?
Gibt Christian der Mutter einen Roman?
Ist das Kind in Deutschland?
Schreibt Gerhard dem Kind?

Grammatik

A noun with its article is in the dative case when it is used as an indirect object.

> Erika gibt *dem Bruder* eine Platte.
> Christian schenkt *der Mutter* einen Roman.
> Hans schreibt *dem Mädchen* eine Karte.

You will note that the masculine and neuter dative articles are the same: *dem.*

> Ich gebe *dem* Bruder eine Platte.
> Ich schreibe *dem* Mädchen eine Karte.

The feminine dative article is *der.*

> Ich zeige *der* Stewardess die Flugkarte.

The following are commonly used verbs that take the dative case.

kaufen	to buy	schreiben	to write
schenken	to give a present	zeigen	to show
geben	to give	danken	to thank (for)
sagen	to say, tell	helfen	to help
schicken	to send		

Note that the verbs *danken* and *helfen* always take a dative object.

Alles ist weihnachtlich und feierlich,
München

So far you have learned three cases: the nominative, dative, and accusative.

	masculine	*feminine*	*neuter*
nominative	der Bruder	die Mutter	das Kind
dative	dem Bruder	der Mutter	dem Kind
accusative	den Bruder	die Mutter	das Kind

Note that *wer* changes to *wem* in the dative.

Wem gibst du das Geschenk?

Zusammenfassung

Beantworten Sie die Fragen, bitte!

Ist der Bruder nett?
Wie ist der Bruder?
Haben Sie einen Bruder?
Was haben Sie?
Geben Sie dem Bruder einen Schlips?
Was geben Sie dem Bruder?

Wem geben Sie einen Schlips?
Ist die Schwester hübsch?
Wie ist die Schwester?
Haben Sie eine Schwester?
Was haben Sie?
Zeigen Sie der Schwester das Geschenk?
Was zeigen Sie der Schwester?
Wem zeigen Sie das Geschenk?
Ist das Mädchen jung?
Wie ist das Mädchen?
Sehen Sie das Mädchen?
Wen sehen Sie?
Schreiben Sie dem Mädchen eine Karte?
Was schreiben Sie dem Mädchen?
Wem schreiben Sie eine Karte?

Plural

A. *Wiederholen Sie, bitte!*

Ich schicke den Freunden ein Geschenk.
Ich bringe den Schwestern die Kugeln.
Ich gebe den Mädchen ein Buch.

B. *Ersetzen Sie, bitte!*

Ich kaufe den	Freunden	ein Geschenk.
	Brüdern	
	Kindern	
	Jungen	
	Männern	
	Freundinnen	
	Tanten	
	Schwestern	
	Mädchen	
	Onkeln	

C. *Beantworten Sie die Fragen, bitte!*

Kaufen Sie den Brüdern zwei Flugkarten?
Geben Sie den Studenten ein Buch?
Schicken Sie den Jungen einen Fussball?
Schreiben Sie den Onkeln einen Brief?
Danken Sie den Künstlern?
Geben Sie den Männern die Zeitung?
Zeigen Sie den Männern das Haus?
Danken Sie den Männern?

Kaufen Sie den Schwestern eine Bluse?
Geben Sie den Tanten einen Roman?
Zeigen Sie den Stewardessen die Flugkarte?
Schreiben Sie den Freundinnen einen Brief?

Geben Sie den Kindern einen Fussball?
Schicken Sie den Mädchen ein Paket?

Grammatik

The plural dative definite article is *den* for all nouns; masculine, feminine, and neuter.

Ich kaufe den Freunden ein Geschenk.
Ich gebe den Schwestern die Zeitung.
Ich schicke den Kindern einen Fussball.

In the dative plural almost all nouns in German add an -*n*.

Die Männer sind hier.
Ich gebe den Männern die Zeitung.
Die Kinder sind nett.
Ich kaufe den Kindern ein Geschenk.
Heute kommen die Freunde.
Ich gebe den Freunden ein Buch.

Zusammenfassung

Folgen Sie dem Beispiel, bitte!

Geben Sie dem Bruder ein Buch? →
Ja, und auch den Schwestern!

Geben Sie dem Onkel ein Buch?
Geben Sie der Tante ein Buch?
Geben Sie dem Freund ein Buch?
Geben Sie der Freundin ein Buch?
Geben Sie dem Mädchen ein Buch?
Geben Sie der Frau ein Buch?

Wortfolge mit *denn* und *weil*

denn

A.   Wiederholen Sie, bitte!

Gisela kauft eine Platte.   Sie hat Geld.
Gisela kauft eine Platte, denn sie hat Geld.
Dieter geht ins Kino.   Er sieht gern Chaplin Filme.
Dieter geht ins Kino, denn er sieht gern Chaplin Filme.

B.   Beantworten Sie die Fragen, bitte!

Bestellst du eine Limonade?
Hast du Durst?
Warum bestellst du eine Limonade?

Kauft Gisela eine Platte?
Hat sie Geld?
Warum kauft Gisela eine Platte?

Geht Dieter ins Kino?
Was sieht er gern?
Warum geht Dieter ins Kino?

Warum kaufst du die Zeitung?
Warum liest du die Zeitung?
Warum lernst du Deutsch?

weil

A.   Wiederholen Sie, bitte!

Ich kaufe einen Pullover.   Ich habe Geld.
Ich kaufe einen Pullover, weil ich Geld habe.
Du bestellst eine Limonade.   Du hast Durst.
Du bestellst eine Limonade, weil du Durst hast.

B.   Beantworten Sie die Fragen, bitte!

Hast du fünf Mark?
Gehst du ins Kino?
Gehst du ins Kino, weil du fünf Mark hast?

151

Fliegst du nach London?
Hast du Freunde in London?
Warum fliegst du nach London?

Warum fährst du nach Berlin?
Warum bestellst du eine Limonade?
Warum fliegt ihr nach London?
Warum seht ihr das Fernsehprogramm?

Grammatik

There are two words for "because" in German, *denn* and *weil*. *Denn* is followed by regular word order, i.e., subject, verb.

> Gisela kauft eine Platte, denn sie hat Geld.

Weil is followed by transposed word order, i.e., subject . . . verb.

> Gisela kauft eine Platte, weil sie Geld hat.

Zusammenfassung

Folgen Sie dem Beispiel, bitte!

> Ich gehe jetzt. Es ist zehn Uhr. →
> Ich gehe jetzt, weil es zehn Uhr ist.

Ich brauche einen Pullover. Es ist kalt.
Uwe fährt nach London. Er spricht Englisch.
Dieter bestellt Kuchen. Er hat Hunger.
Ich gehe oft ins Kino. Ich sehe Filme gern.
Ich kaufe der Freundin eine Platte. Sie hat Geburtstag.
Gerhard fährt nach Bayern. Es schneit da.

Die Jungen singen Weihnachtslieder

Gespräch

Auf dem Weihnachtsmarkt

Johann Was machst du denn hier?

Peter Ich verkaufe Tannenbäume.

Johann Aber es ist so kalt hier.

Peter Ja, aber ich brauche Geld, weil ich immer viele Geschenke kaufe.

Johann Ach so. Was gibst du denn der Helga?

Peter Keine Ahnung. Sie hat nämlich schon alles.

Fragen

1. Wer spricht mit Peter?
2. Was verkauft Peter?
3. Wo ist es so kalt?
4. Was braucht Peter?
5. Warum braucht er Geld?
6. Hat Peter eine Freundin?
7. Was gibt er der Helga?
8. Warum hat er keine Ahnung?

Aussprache

z	s	tz
zusammen	sind	Sitzplatz
Französisch	Sommer	jetzt
Holz	Sonne	herabgesetzt
Anzug		
Zimmer	Bluse	
Zeitung	Käse	
zeigen	Gisela	
	besuchen	
	Hose	

s	ss
das	Wasser
Eis	essen
aus	Fuss
etwas	

Ein Weihnachtsmarkt, München

154

Lesestück

der Anfang   *beginning*
der Adventskranz   *Advent wreath*
die Kohle   *coal*
das Buttergebäck   *butter cookies*
der Marzipan   *almond paste*
die Nuss   *nut*
die Apfelsine   *orange*
das Lebkuchenhaus   *gingerbread house*

auf dem Klavier   *on the piano*
draussen   *outdoors*
warten auf   *wait for*

Weihnachtszeit in Deutschland

Dezember ist Weihnachtszeit in Deutschland. Die Strassen, die Märkte, die Geschäfte, die Häuser—alles ist weihnachtlich und feierlich. Schon Anfang Dezember kaufen die Leute Adventskränze, Weihnachtskalender und Weihnachtsgeschenke. Am sechsten Dezember, in der Nacht, kommt Sankt Nikolaus und bringt den Kindern Schokolade und Bonbons oder ein Stück Kohle.

Die Omas, Mütter und Tanten backen Buttergebäck und Stollen. Überall im Haus liegen Marzipan, Nüsse und Apfelsinen. Auch ein Lebkuchenhaus—mit Hänsel und Gretel gibt es.

Der vierundzwanzigste Dezember, Heiligabend, kommt schnell. Die Eltern kaufen Tannenbäume und schmücken sie am Nachmittag mit Kugeln, Kerzen und Lametta. Im Esszimmer isst die Familie den Karpfen. Im Wohnzimmer spielt Ute „O Tannenbaum" und „Stille Nacht" auf dem Klavier. Draussen ist es still und kalt, und die Kinder warten auf den Weihnachtsmann und auf die Bescherung. Bescherung ist um sechs oder sieben. Unter dem Tannenbaum liegen die Geschenke. Es gibt viele Überraschungen.

Auch der erste Weihnachtstag ist feierlich. Freunde, Tanten, Onkel,

Kusinen kommen zum Weihnachtsessen. Das Weihnachtsessen ist natürlich eine Gans. Nach dem Essen spielen die Kinder mit den Geschenken.

Weihnachten in Amerika ist wie Weihnachten in Deutschland, nicht wahr?

Fragen

1. Wann ist Weihnachtszeit?
2. Wie ist alles im Dezember?
3. Was kaufen die Leute?
4. Wer kommt am sechsten Dezember?
5. Was bringt er den Kindern?
6. Was backen die Omas und Mütter?
7. Was liegt überall im Haus?
8. Was kommt schnell?
9. Was kaufen die Eltern?

Die Mutter macht die Gans, Garmisch

10. Wer schmückt die Tannenbäume?
11. Was isst die Familie im Esszimmer?
12. Was spielt Ute auf dem Klavier?
13. Wie ist das Wetter draussen?
14. Warten die Kinder auf den Weihnachtsmann?
15. Um wieviel Uhr ist Bescherung?
16. Was liegt unter dem Tannenbaum?
17. Wer kommt zum Weihnachtsessen?
18. Was isst die Familie?
19. Was machen die Kinder?
20. Ist Weihnachten in Amerika wie Weihnachten in Deutschland?

Übungen zum Schreiben

A *Complete the following sentences with an appropriate word.*
1. Im _____ ist Weihnachten.
2. Viele Leute sind auf dem _____ und kaufen _____.
3. Der Mann _____ der Frau den Baum.
4. Im Dezember ist es kalt, und es _____.
5. Die Schwester gibt Erich ein Geschenk, und Erich _____ der Schwester.
6. Die Mutter macht den Karpfen in der _____.
7. Die Mutter macht auch eine _____.
8. Am Heiligabend _____ die Familie den Tannenbaum.

B *Form new words from the following by adding the prefix* Weihnachts.
1. Markt
2. Geschenk
3. Zeit
4. Mann
5. Essen

C *Complete the following with the appropriate definite article.*
1. _____ Mann arbeitet auf dem Weihnachtsmarkt.
2. Im Zentrum ist _____ Markt.
3. _____ Gans schmeckt gut.
4. Wo ist _____ Küche?
5. _____ Baum ist sehr alt.
6. Was sagt _____ Frau?

D *Rewrite the following, making the subjects plural.*
1. Der Baum ist sehr schön.
2. Die Küche ist modern.

Die Mutter und der Vater schmücken den Baum, Garmisch

3. Der Mann ist nett und intelligent.
4. Die Frau geht am Strand entlang.
5. Der Markt ist in der Stadt.
6. Der Mann wohnt ausserhalb von München.

E   *Complete the following with the masculine dative form of the definite article.*

1. Ich kaufe _____ Bruder ein Eis.
2. Ich schreibe _____ Onkel eine Karte.
3. Ich zeige _____ Freund den Fussball.
4. Ich bringe _____ Vater das Auto.
5. Ich gebe _____ Cousin die Platte.

F   *Complete the following with the feminine dative form of the definite article.*

1. Dankst du _____ Tante?
2. Schreibst du _____ Schwester?
3. Was kaufst du _____ Mutter?
4. Was gibst du _____ Grossmutter?
5. Was schenkst du _____ Freundin?

G *Complete the following with the appropriate dative form of the definite article.*

1. Ich zeige _____ Schwester den Pullover.
2. Vater bringt _____ Mutter Rosen.
3. Klaus zeigt _____ Mädchen den Tannenbaum.
4. Dieter baut _____ Kind ein Schloss.
5. Mutti zeigt _____ Vater die Gans.
6. Wir schenken _____ Bruder ein Buch.

H *Answer each question with the dative form according to the model.*

Wem kaufst du einen Pullover? →
Ich kaufe dem Bruder einen Pullover

1. Wem schenkst du eine Bluse?
2. Wem zeigst du den Porsche?
3. Wem kaufst du ein Geschenk?
4. Wem schickst du einen Fussball?
5. Wem gibst du eine Platte?

I *Complete the following with the appropriate nominative, dative, or accusative definite article.*

1. _____ Bruder ist sehr nett und gibt _____ Schwester _____ Geschenk.
2. _____ Junge bekommt _____ Fussball und dankt _____ Onkel.
3. _____ Mutter macht _____ Gans und zeigt _____ Freundin _____ Gans.
4. _____ Mädchen ist nett und baut _____ Kind _____ Schloss im Sand.
5. _____ Freundin gibt _____ Freund _____ Buch.

Das Weihnachtsessen bei der Familie Baier, Garmisch

J *Change the following indirect objects to the plural.*

1. Wir schenken dem Bruder ein Hemd.
2. Sie geben der Mutter eine Party.
3. Ich schreibe der Tante eine Karte.
4. Schickst du der Freundin ein Geschenk?
5. Dankst du dem Freund?
6. Zeigt ihr dem Vater die Zeitung?
7. Hans schreibt dem Mädchen einen Brief.
8. Wir geben dem Mann ein Geschenk.

K *Form sentences from the following.*

1. Erika / geben / Bruder / Geschenk
2. Familie / schicken / Grossmutter / Weihnachtsgeschenk
3. Wir / schreiben / Freundinnen / Brief
4. Jungen / kaufen / Schwestern / Bluse
5. zwei / Freund / zeigen / Stewardess / Flugkarten
6. Onkel / schicken / Mädchen / Theaterkarte
7. Mutter / zeigen / Jungen / Karpfen
8. Bruder / geben / Schwester / Platte

L *Combine the pairs of sentences with* denn, *according to the model.*

> Klaus hat viele Freunde. Er ist sehr nett. →
> Klaus hat viele Freunde, denn er ist sehr nett.

1. Ich gehe schwimmen. Es ist warm.
2. Wir gehen ins Kino. Wir haben drei Mark.
3. Ich kaufe eine Platte. Ich höre Musik gern.
4. Uwe fährt gern nach London. Er spricht gut Englisch.
5. Ich brauche einen Pullover. Es ist kalt.

M *Combine the pairs of sentences with* weil.

1. Ich kaufe den Mercedes. Er ist elegant.
2. Wir gehen ins Kino. Es gibt einen Film.
3. Uwe spricht Englisch. Er lernt es in der Schule.
4. Ich besuche Dieter. Er ist nett.
5. Wir bauen ein Schloss. Wir sind am Strand.

N *Answer each question with a complete sentence, using either* denn *or* weil *in your answer.*

1. Warum fliegst du nach Deutschland?
2. Warum besuchst du Ingrid?
3. Warum gehst du ins Kino?
4. Warum sprichst du Englisch?
5. Warum magst du Christine nicht?

Mündliche Zusammenfassung

Aufgabe 9

1   Da ist der Zug.
Kurt und Dieter fahren mit dem Zug.
Die Hütte ist in den Bergen.
Sie fahren zu der (zur) Hütte.
Der Hütte gegenüber ist eine Gastwirtschaft.

2   Es ist Winter.
Im Winter ist es kalt.
Überall liegt Pulverschnee.
Jochen und Gerda laufen Schi.
Sie haben Schier.
Sie gehen zum Schilehrer.
Er gibt Unterricht.
Das macht Spass.

3   Der Schlitten ist aus Holz.
Karin fällt von dem (vom) Schlitten.
Peter läuft Schlittschuh.

1

2

3

4 Da ist eine Kapelle.
Die Männer tragen Lederhosen.

4

Übungen

A Beantworten Sie die Fragen, bitte!
1. Fahren Kurt und Dieter mit dem Zug?
2. Was ist in den Bergen?
3. Wohin fahren Kurt und Dieter?
4. Was liegt überall?
5. Was machen Jochen und Gerda?
6. Gehen sie zum Schilehrer?
7. Was gibt er?
8. Ist der Schlitten aus Holz?
9. Wer fällt von dem Schlitten?
10. Was macht Peter?
11. Ist das eine Kapelle?
12. Was tragen die Männer?

B Ergänzen Sie, bitte!
1. Die Jungen fahren mit dem _____ .
2. Sie fahren zur _____ .
3. Die _____ ist in den Bergen.
4. Überall liegt _____ .
5. Jochen und Gerda _____ Schi.
6. Sie gehen zum _____ .
7. Der _____ gibt Unterricht.
8. Der _____ ist aus Holz.
9. Karin fällt vom _____ .
10. Peter läuft _____ .
11. Da ist eine _____ .
12. Die Männer tragen _____ .

Das Schloss, Heidelberg

DEUTSCHLAND   *Deutschland: das Land der Schlösser und Burgen.   Die berühmten und romantischen deutschen Schlösser sind besonders am Rhein und in Bayern zu finden.   Viele sind natürlich Ruinen, so wie dieses Schloss, das wir hier in Heidelberg sehen.*

GROSSSTÄDTE Die deutschen Grossstädte stehen in scharfem Kontrast zu der mittelalterlichen Schlösser-Atmosphäre des Rheines. Die Städte sind modern, ihr Tempo schnell. Hier können wir Hochhäuser, Untergrundbahnen und viel Verkehr sehen—alle Symbol eines modernen Landes. Die modernen Städte Hamburg, Frankfurt, München und Hannover haben nicht nur ihre traditionellen Hauptbahnhöfe, sondern auch ihre beschäftigten Flughäfen. In diesen Städten ist immer etwas los. Aber jede Grosstadt muss auch eine Altstadt mit engen Strassen und schmalen Häusern und Cafés haben. Hier steht die Zeit still, und man kann über die Geschichte der Stadt reflektieren.

Binnenalster, Hamburg

Kleiner Schlossplatz, Stuttgart

Hauptbahnhofplatz, Dortmund

Panorama, Frankfurt

Altstadt,
Hamburg

167

Platz, Rothenburg ob der Tauber

Enge Strasse, Dinkelsbühl

KLEINSTÄDTE *Die kleineren Städte Deutschlands mit ihren engen Strassen und gemütlichen Plätzen sind wirklich romantisch. Ein typisches Fachwerkhaus in Tübingen bildet einen scharfen Kontrast zu einem Hochhaus in Frankfurt. Viele Flüsse und Blumen geben diesen kleinen Städten eine ruhige Atmosphäre. Hier ist das Leben ideal, und die Zeit geht langsam vorbei.*

Marktplatz,
Heidelberg

Fachwerkhäuser, Lüneburg

Physikklasse, Garmisch-Partenkirchen

Bibliothek, Universität Heidelberg

AUSBILDUNG *Wie in jedem Teil der Welt, ist die Ausbildung auch wichtig in Deutschland. Alle Kinder beginnen mit der Grundschule. Wenn sie zehn oder elf sind, können sie auf eine Mittelschule oder auf ein Gymnasium transferieren. Im Gymnasium bereiten sie sich auf die Universität vor. Andere Kinder bleiben auf der Grundschule, bis sie fünfzehn sind. Dann werden sie Lehrlinge.*

Schulpause, Gymnasium, Garmisch-Partenkirchen

Wurstgeschäft, München

Einkaufsstrasse, Kiel

MÄRKTE *Alle Leute müssen natürlich einkaufen gehen.*
Deshalb haben viele Städte ein Einkaufszentrum, wo Autos nicht
fahren dürfen. Jede Stadt in Deutschland, Kleinstadt
oder Grossstadt, hat einen Markt und einen Markttag. Die Bauern
aus der Gegend haben Stände und verkaufen frisches Obst,
Gemüse, Eier und Wurst.

Hauptmarkt, Trier

Bauerndorf, Baden-Württemberg

Ein Feld, Blumberg

LANDWIRTSCHAFT *Wie alle Länder hat Deutschland viele Bauernhöfe. Diese Bauernhöfe liegen im nördlichen Schleswig-Holstein, im Rheinland, im süd-westlichen Baden-Württemberg und in Bayern. Überall kann man hier Weiden und Getreidefelder sehen.*

Die deutschen Bauernhöfe sind zum grössten Teil mechanisiert, aber doch sieht man Frauen und Männer, die mit den Händen arbeiten. Natürlich ist ihre Arbeit wichtig, denn sie produzieren die meiste Nahrung, die die Deutschen auf ihren Märkten kaufen können.

Bauernhaus,
Lüneburger Heide

Hafen, Hamburg

INDUSTRIE *Das Rhein-Ruhr-Gebiet ist das grösste Industrie-Gebiet Europas. In diesem Teil Deutschlands ist das Land flach. Nur die Schornsteine der Fabriken und die langen Arme der Kräne unterbrechen den Horizont. Weil die Stahl-und Kohleindustrie die Hauptindustrie Deutschlands ist, kann man auch viele Stahlgerüste sehen.*

Deutsche Kameras, Maschinen und Wagen sind weltberühmt. Nicht zu vergessen im Süden ist Stuttgart, die Mutterstadt von Mercedes Benz und Porsche. Da Deutschland so viel Industrie hat, exportiert es viele Sachen. Deshalb liegen viele Schiffe aus aller Welt in dem wichtigen Hamburger Hafen.

Industrie, Mannheim

Spielplatz, Heidelberg

SPORT *In ihrer Freizeit lieben die Deutschen ihren Sport. Die Jungen spielen im Schulgarten oder auf einem Sportplatz Fussball.*

Deutschland ist ein Land, das viele Flüsse hat. Auf dem Neckar und auf der Mosel kann man oft Ruderboote sehen. Auf der Nord- und Ostsee ist das Segeln populär.

Jeden Winter fahren viele Wintersportenthusiasten nach Bayern, in den Schwarzwald und in den Harz. Da können sie Schlittschuh oder Schi laufen.

Schlittschuhlaufen, Garmisch-Partenkirchen

Bahnhof, Garmisch- Partenkirchen

Rudern,
die Mosel

Schwabing, München

Gemälde, ein Schloss am Rhein

KULTUR *Jedes Land hat seine Kultur. Die Grossstädte Deutschlands haben alle ihre Museen. Diese Museen enthalten Sammlungen von Möbeln, Gemälden, Porzellan und Maschinen. Kultur ist natürlich nicht nur in Museen zu finden, wie wir hier in Schwabing auf der Strasse sehen können. In diesem Teil von München verkaufen die Künstler noch heute die Sachen, die sie produzieren. Ja, Kultur ist etwas Lebendiges, etwas Jetziges, so wie die Architektur in den Städten, die Theaterstücke der heutigen Dramatiker, die neuen Lebensstile der Menschen zeigen.*

Ein Schrank, das Deutsche
Museum, München

176

Wohnhäuser, Bremen

FAMILIENLEBEN   *In jeder Kultur ist besonders die Familie wichtig.   Man muss für seine Familie ein Heim machen.   Viele deutsche Familien, die in einer Stadt leben, wohnen in Wohnungen.   Aber ausserhalb von den Städten gibt es viele Einfamilienhäuser.*

Hier können wir eine Mutter mit ihren Kindern in der Küche sehen.   Die Rolle der Mutter ist universal. Sie ist auch Lehrerin.   Von ihr lernen die Kinder viel.   Manchmal ist der Vater nicht zu Hause, weil er arbeiten muss.   Aber wenn er frei hat, will er auch bei seiner Familie sein.

Die Kinder aus aller Welt wollen immer Geschenke bekommen, besonders wenn es Weihnachtszeit ist, oder wenn sie Geburtstag haben.   Ja, mit einer Kultur, die anders als unsere ist, haben wir auch viel gemein.

Mutti mit Kindern in der Küche,
Garmisch-Partenkirchen

Ein Weihnachtsgeschenk,
Garmisch-Partenkirchen

Eine junge
Familie, Goslar

177

Bayrische Alpen, Zugspitze

Fischerdorf, Nordsee

Strand, Westerland

Garmisch bei Nacht

Konzert, Sylt

Camping, die Mosel

FERIENORTE *Die Deutschen lieben frische Luft, und wenn sie endlich Ferien haben, machen sie Ferien. Sie können an die Nordsee fahren. Hier an der Küste sind viele Inseln. Natürlich haben diese Inseln viele schöne Strände, wo sich die Leute unter der warmen Sonne amüsieren können. Hier liegen auch viele kleine Dörfer. Wenn das Wetter warm ist, und die Sonne scheint, kann man schön durch diese romantische Fischerdörfer spazieren gehen.*

Das Camping ist auch sehr populär bei den Deutschen. Für die Leute, die draussen in der Natur sein wollen, sind der Rhein und die Mosel mit ihren kleinen Weindörfern die richtigen Ferienorte.

Im Winter kann man nach Bayern fahren. Jeden Winter treffen sich viele Schienthusiasten in den weltberühmten bayrischen Bergen.

179

FREIZEIT *Was machen die Deutschen in ihrer Freizeit, wenn sie keine Ferien haben oder wenn sie zu Hause bleiben müssen? Wie wir hier sehen, sitzen sie gern mit Freunden in einer Wirtschaft, wo sie trinken, essen und sich unterhalten. Natürlich können sie auch ins Kino, ins Konzert oder ins Theater gehen. Ja, Deutschland ist das gemütliche Land, wo jeder etwas finden kann, was ihn interessiert.*

Domplatz, Köln

Hofbräuhaus, München

Zum Roten Ochsen, Heidelberg

Nomen

A. *Ersetzen Sie, bitte!*

Der Zug	
Der Lehrer	
Der Schlitten	ist hier.
Die Hütte	
Die Lehrerin	
Die Kapelle	

B. *Beantworten Sie die Fragen, bitte!*

Ist der Zug modern?
Ist der Lehrer intelligent?
Ist der Schlitten aus Holz?
Ist die Hütte schön?
Spricht die Lehrerin?
Spielt die Kapelle gut?

C. *Ersetzen Sie, bitte!*

	Züge?
	Hütten?
Wo sind die	Lehrer?
	Schlitten?
	Kapellen?
	Lehrerinnen?

D. *Beantworten Sie die Fragen, bitte!*

Sind die Züge neu?
Sind die Lehrer in der Schule?
Sind die Lehrerinnen auch in der Schule?
Sind die Hütten in Garmisch?
Sind die Schlitten aus Holz?
Spielen die Kapellen Musik?

Grammatik

The nouns presented in this lesson are:

Singular	*Plural*	*Singular*	*Plural*
der Zug	die Züge	die Hütte	die Hütten
der Lehrer	die Lehrer	die Lehrerin	die Lehrerinnen
der Schlitten	die Schlitten	die Kapelle	die Kapellen
der Unterricht			

Struktur

Dativpräpositionen

nach, aus, mit, gegenüber

A. *Ersetzen Sie, bitte!*

Nach	dem Essen	
	dem Konzert	
	dem Kino	gehen wir einkaufen.
	der Schule	
	der Klasse	

	dem Café.
	dem Restaurant.
	dem Kino.
Wir kommen aus	dem Park.
	der Hütte.
	der Wirtschaft.
	der Kirche.

	dem Bruder.
	dem Vater.
	dem Onkel.
Ich spreche mit	der Schwester.
	der Oma.
	der Tante.

Dem Park
Dem Flughafen
Dem Museum
Dem Gebäude | gegenüber ist ein Café.
Der Universität
Der Kirche
Der Schule

Spricht Karl mit dem Freund?
Wohnt Klaus dem Park gegenüber?
Singen die Mädchen nach dem Konzert?
Kommt Hans aus dem Haus?
Spielt der Vater mit dem Kind?
Warten Sie dem Flughafen gegenüber?
Sprechen die Freundinnen nach der Klasse?
Kommen die Leute aus der Wirtschaft?
Laufen die Jungen mit dem Lehrer Schi?
Ist der Schlitten der Hütte gegenüber?

B. *Beantworten Sie die Fragen, bitte!*

Spielen die Jungen nach dem Essen Ball?
Kommen die Freunde aus dem Restaurant?

Grammatik

The prepositions *nach* (after, to), *aus* (out of, from), and *mit* (with) are always followed by the dative case. The preposition *gegenüber* (across from) usually follows the dative object. The dative definite article for masculine and neuter nouns is *dem*. The dative article for feminine nouns is *der*. Study the following.

Nach dem Essen gehen wir einkaufen.
Nach der Kirche besuchen wir die Oma.

Die Jungen kommen aus dem Café.
Die Studenten kommen aus der Schule.

Ich spreche mit dem Lehrer.
Wir arbeiten mit der Lehrerin.

Dem Kaufhaus gegenüber ist ein Restaurant.
Der Hütte gegenüber ist die Schischule.

Zusammenfassung

Beantworten Sie die Fragen nach dem Beispiel, bitte!

Spielen die Jungen nach dem Essen? Nein, Klasse →
Nein, die Jungen spielen nach der Klasse.

Schwimmen die Leute nach dem Abendessen? Nein, Mittagessen
Trifft Erika Peter nach der Schule? Nein, Konzert
Kommen die Jungen aus dem Keller? Nein, Hütte
Kommen die Leute aus der Kirche? Nein, Kino
Fahren Sie mit dem Zug? Nein, Strassenbahn
Sprechen Sie mit dem Mann? Nein, Frau
Ist das Haus dem Park gegenüber? Nein, Kirche
Wohnt der Lehrer der Schule gegenüber? Nein, Café

Der Schilehrer gibt Unterricht

zu, bei, von

Feminin

A. Ersetzen Sie, bitte!

Wir gehen zu | der Schwester.
der Tante.
der Lehrerin.

Wir gehen zur | Kirche.
Wirtschaft.
Klasse.
Schule.

Ich wohne bei | der Tante.
der Oma.
der Schwester.

Die Jungen spielen bei | der Schule.
der Kirche.
der Wirtschaft.

Wir sprechen von | der Freundin.
der Lehrerin.
der Schule.

Ich komme von | der Hütte.
der Klasse.
der Tante.

B. Beantworten Sie die Fragen, bitte!

Gehen Sie zu der Schwester?
Gehen Sie zu der Grossmutter?
Gehen Sie zur Schule?
Gehen Sie zur Klasse?
Wohnen Sie bei der Tante?
Essen Sie bei der Freundin?
Kommen Sie von der Schule?
Kommen Sie von der Universität?
Sprechen Sie von der Tante?

Maskulin und Neutrum

A. Ersetzen Sie, bitte!

Wir gehen zu | dem Onkel.
dem Bruder.
dem Freund.
dem Mädchen.

Wir gehen zum | Professor.
Zug.
Geschäft.

Er wohnt bei | dem Vater.
dem Onkel.
dem Bruder.
dem Freund.

183

Er wohnt beim | Park.
Flughafen.
Kino.
Theater.

Sie kommen vom | Kino.
Café.
Flughafen.
Restaurant.

Sie kommen von | dem Onkel.
dem Café.
dem Flughafen.
dem Restaurant.

B. *Beantworten Sie die Fragen, bitte!*

Gehen Sie zu dem Lehrer?
Gehen Sie zum Flughafen?
Wohnen Sie bei dem Freund?
Wohnen Sie beim Park?
Kommen Sie von dem Restaurant?
Kommen Sie vom Café?

Grammatik

The prepositions *zu* (to), *bei* (near, with, beside, at the house of), and *von* (of, about, from) are also followed by the dative case. You will note that these prepositions are often contracted with the dative article *dem* to form one word *zum, beim, vom.*

Wir gehen zu der Tante.
Wir gehen zu dem Onkel.
Wir gehen zum Park.

Sie wohnen bei der Schwester.
Sie wohnen bei dem Bruder.
Sie wohnen beim Café.

Wir kommen von der Kirche.
Wir kommen von dem Café.
Wir kommen vom Café.

The preposition *zu* is often contracted with *der* to form *zur.*

Wir gehen zur Schule.

A common idiom is *zu Hause.*

Wir bleiben zu Hause.

Zusammenfassung

Beantworten Sie die Fragen, bitte!
Gehst du mit der Freundin ins Kino?
Kommst du von der Klasse?

184

Kommst du mit dem Bruder?
Spielst du bei der Wirtschaft?
Wohnen Sie beim Café?
Fahren Sie mit der Strassenbahn?
Gehen Sie zum Schilehrer?
Gehen Sie zu der Freundin?
Wohnen Sie dem Restaurant gegenüber?
Kommen Sie vom Kino?

Die Präposition *in* mit Dativ

Feminin

A. Wiederholen Sie, bitte!

Sabine ist in der Stadt.
Christian ist in der Schule.
Wir essen in der Küche.

B. Ersetzen Sie, bitte!

Gabi und Sabine essen in der	Klasse. Küche. Schule. Stadt.

C. Beantworten Sie die Fragen, bitte!

Lernst du Deutsch in der Schule?
Wo lernst du Deutsch?
Sprichst du viel in der Klasse?
Wo sprichst du viel?
Bist du oft in der Stadt?
Wo bist du oft?

Maskulin und Neutrum

A. Wiederholen Sie, bitte!

Wir sind im Geschäft.
Wir spielen im Schnee.
Wir sind im Zoo.

Wir essen im Restaurant.
Wir sind im Kino.
Wir schwimmen im Wasser.

B. Ersetzen Sie, bitte!

Gerda ist im	Zoo. Auto. Bus. Supermarkt.

Klaus ist im	Kino. Café. Restaurant.

C. Beantworten Sie die Fragen, bitte!

Ist Gerda im Zoo?
Wo ist Gerda?
Spielst du gern im Schnee?
Wo spielst du gern?
Ist Klaus im Kino?
Wo ist Klaus?
Essen Sie gern im Restaurant?
Wo essen Sie gern?
Ist der Junge im Kaufhaus?
Wo ist der Junge?
Verkaufen sie die Bäume im Zentrum?
Wo verkaufen sie die Bäume?

D. Beantworten Sie die Fragen, bitte!

Schwimmen Sie im Juli?
Gehen Sie im August am Strand entlang?
Laufen Sie im Januar Schi?
Schneit es im Dezember?
Haben Sie Herbstferien im Oktober?
Schwimmen Sie im Sommer?
Fahren Sie im Winter in die Berge?
Fliegen Sie im Herbst nach London?

Grammatik

The preposition *in* is followed by the dative when the word means "in" and no direction is involved. Note that the preposition *in* is contracted with the masculine and neuter dative article *dem* to form one word, *im*.

> Wir sind in der Stadt.
> Wir spielen im Schnee.
> Wir essen im Restaurant.

Note that *im* is used with months and seasons.

> im Dezember
> im Sommer

When both time and place are expressed in the same sentence, the idea of time always precedes that of place.

> Ich gehe im Sommer am Strand entlang.
> Wir fahren im Juli nach Paris.

Note that the preposition *in* is used alone with names of countries and cities to express "location."

> Wir sind in Spanien.
> Wir wohnen in Hannover.

Die Präposition *in* mit Akkusativ

Maskulin und Feminin

A. *Ersetzen Sie, bitte!*

Wir gehen in | den Park.
| die Stadt.
| die Kirche.

B. *Beantworten Sie die Fragen, bitte!*

Gehst du heute in den Park?
Gehst du Montag in den Zoo?
Gehst du Sonntag in die Kirche?
Gehst du im Sommer in die Stadt?
Gehst du in die Oper?
Gehst du in die Gastwirtschaft?

Neutrum

A. *Ersetzen Sie, bitte!*

Die Freunde gehen ins | Kino.
| Restaurant.
| Café.
| Museum.

B. *Beantworten Sie die Fragen, bitte!*

Geht ihr morgen ins Kino?
Geht ihr Samstagabend ins Restaurant?
Geht ihr jeden Tag ins Café?
Geht ihr oft ins Museum?
Geht ihr mit Peter ins Kaufhaus?

Grammatik

The preposition *in* is followed by the accusative when direction or movement is expressed. The preposition *in* is contracted with the accusative neuter article *das* to form one word, *ins*. The interrogative word *wohin* is used to ask "place to which."

Wohin gehen Sie?	Wir gehen in den Park.
Wohin gehen Sie?	Wir gehen in die Stadt.
Wohin gehen Sie?	Wir gehen ins Kino.

When direction or movement is expressed with countries or names of cities and the word *Hause, nach* must be used.

Wir fliegen nach Spanien.
Wir fahren nach München.
Wir gehen nach Hause.

Whenever a sentence expressing direction or movement is negated, the word *nicht* immediately precedes the preposition of direction.

Wir gehen nicht ins Kino.
Wir gehen nicht nach Spanien.

Zusammenfassung

Beantworten Sie die Fragen, bitte!

Gehst du heute in den Zoo?	Gehst du jetzt in die Drogerie?
Bist du oft im Zoo?	Kaufst du Aspirin in der Drogerie?
Gehst du jetzt in den Park?	Gehst du heute ins Restaurant?
Kaufst du ein Eis im Park?	Esst ihr heute im Restaurant?
Fahrt ihr heute in die Stadt?	Geht ihr morgen ins Kino?
Seid ihr heute in der Stadt?	Seht ihr den Film im Kino?

Sie laufen Schlittschuh, Garmisch

187

Gespräch

Gehen wir Schi laufen!

Peter   Wir haben Winterferien.   Gehen wir Schi laufen!

Klaus   Wo?   In Garmisch?

Peter   Ja, da gibt es viele Hütten.

Klaus   Aber ich laufe nicht gut Schi.

Peter   Das macht nichts.   Da sind auch viele Gastwirtschaften.

Klaus   Fahren wir mit dem Zug?

Peter   Ja, weil ich kein Auto habe.

Fragen

1. Was haben Peter und Klaus?
2. Wo laufen sie Schi?
3. Wo sind viele Hütten?
4. Wer läuft nicht gut Schi?
5. Was hat Garmisch auch?
6. Fahren sie mit dem Zug nach Garmisch?
7. Warum fahren sie mit dem Zug?

Aussprache

-d	-t	-b
Freund	schwimmt	Korb
Strand	holt	halb
Gerhard	Brot	
Hemd	Paket	
Mädchen	mit	
wird	Unterricht	
	Gastwirtschaft	
	fällt	

Garmisch-Partenkirchen

Lesestück

Winter

jedes Jahr   *every year*

trocken   *dry*
sofort   *immediately*

der Anfänger   *beginner*

bald   *soon*

dorthin   *there*

der Grog   *hot toddy*
draussen   *outside*

Das Schiller-Gymnasium hat eine Hütte bei Garmisch-Partenkirchen. Jedes Jahr im Winter fahren die Klassen nach Garmisch zum Schilaufen. Es ist Januar. Wolfgang Bergmann fährt mit der Klasse nach München. Sie fahren mit dem Zug und dann mit dem Bus zu der Hütte.

Das Wetter ist perfekt. Es ist kalt und trocken. Überall liegt Pulverschnee. Die Jungen und Mädchen gehen sofort Schi laufen. Wolfgang und Kurt laufen gut Schi. Sie gehen nicht zum Schilehrer. Dieter und Ursula sind Anfänger. Sie nehmen Unterricht bei der Schilehrerin. Alle laufen Schi oder Schlittschuh und fahren Schlitten. Alle werden bald müde und hungrig. Die Jungen und Mädchen essen das Abendessen in der Gastwirtschaft „Zur goldenen Gans". Der Gastwirtschaft gegenüber ist ein Tanzlokal. Wolfgang, Ursula und zwei Freunde gehen nach dem Abendessen dorthin. Eine bayrische Kapelle spielt. Die Männer und Jungen tragen Lederhosen. Alle Leute singen, tanzen und trinken Grog, denn es ist sehr kalt draussen.

Fragen

1. Was hat das Schiller-Gymnasium?
2. Wo ist sie?
3. Wann fahren die Klassen nach Garmisch?
4. Wie fahren sie nach München?
5. Wie ist das Wetter?
6. Was liegt überall?
7. Was machen die Jungen und Mädchen sofort?
8. Laufen Wolfgang und Kurt gut Schi?
9. Gehen sie zum Schilehrer?
10. Was sind Dieter und Ursula?
11. Was nehmen sie?
12. Was laufen alle?
13. Fahren sie auch Schlitten?
14. Wie werden die Jungen und Mädchen bald?
15. Wo essen sie das Abendessen?
16. Was ist der Gastwirtschaft gegenüber?
17. Wer geht dorthin?
18. Wann gehen sie?
19. Was ist da?
20. Was tragen die Männer und Jungen?
21. Was machen die Leute?

Übungen zum Schreiben

A *Complete the following sentences with an appropriate word.*

1. Die Jungen fahren mit dem _____ .
2. Die _____ ist schön und, sie ist in den Bergen.
3. Karin _____ vom Schlitten.
4. Der Schilehrer gibt _____ .
5. Der Schlitten ist aus _____ .
6. Die _____ spielt Musik.
7. Die Männer _____ Lederhosen.
8. Der Hütte _____ ist eine Gastwirtschaft.
9. Die Leute essen das Abendessen in der _____ .
10. Peter _____ Schlittschuh.

B *Complete the following with the appropriate definite article.*

1. _____ Hütte ist in den Bergen.
2. Da ist _____ Zug.
3. _____ Schlitten ist der Hütte gegenüber.
4. _____ Lehrer spricht mit Peter.
5. _____ Kapelle spielt Musik.
6. _____ Lehrerin ist schön.

Die Männer tragen Lederhosen,
München

C   *Rewrite the following in the plural.*

1. Der Schlitten ist aus Holz.
2. Der Zug ist modern.
3. Die Hütte ist in Garmisch.
4. Der Lehrer spricht am Telefon.
5. Die Kapelle ist im Zentrum.

D   *Complete the following with the appropriate dative definite article.*

1. Wir kommen von _____ Onkel.
2. Ulrike geht mit _____ Freundin Schi laufen.
3. Wir sprechen von _____ Winter.
4. Die Leute kommen aus _____ Kirche.
5. Ich spiele mit _____ Kind.
6. _____ Gastwirtschaft gegenüber ist eine Hütte.
7. Nach _____ Essen gehen wir einkaufen.
8. Sie kommen aus _____ Museum.
9. _____ Schule gegenüber ist ein Café.
10. Der Schipullover ist von _____ Tante.

E   *Complete the following with the appropriate dative article.*

1. Wir gehen zu _____ Schwester.
2. Sie sprechen von _____ Mädchen.
3. Ich wohne bei _____ Tante und _____ Onkel.
4. Die Jungen kommen von _____ Hütte.
5. Karl wohnt bei _____ Freund.
6. Der Student kommt von _____ Universität.

F   *Rewrite the following sentences, making a contraction whenever possible.*

1. Wir kommen aus dem Kino.
2. Er wohnt bei dem Park.

192

3. Helga und Peter sprechen von dem Film.
4. Dieter kommt mit dem Geburtstagsgeschenk.
5. Die Leute kommen von dem Café.
6. Wir sprechen von der Lehrerin.
7. Die Jungen spielen bei der Kirche.
8. Ich gehe zu dem Schilehrer.

G   *Form sentences from the following, using contractions when possible.*

1. Sabine / sein / in / Stadt
2. Wir / essen / in / Restaurant
3. Kaufhaus / sein / in / Zentrum
4. Christian / lernen / Deutsch / in / Schule
5. Jungen / spielen / in / Schnee
6. Viele / Leute / sein / in / Kino
7. Mutter / machen / Abendessen / in / Küche
8. Schilehrer / sein / in / Hütte

H   *Complete the following sentences with the appropriate word.*

1. Die Weihnachtszeit ist im _____ in Deutschland.
2. _____ Winter ist es kalt.
3. Im _____ ist es warm.
4. Wir haben Sommerferien _____ Juli.
5. Im _____ spielen die Jungen Fussball.

Eine Gymnasiumklasse, Garmisch

I   *Answer the following questions with complete sentences.*

1. Wann gehen Sie am Strand entlang?
2. Wann essen Sie im Restaurant?
3. Wann gehen Sie in die Stadt?
4. Wann fahren Sie nach Paris?
5. Wann haben Sie Sommerferien?

J   *Form sentences from the following. Make contractions when possible.*

1. Wir / gehen / heute / in / Park
2. Ich / gehen / mit / Erika / in / Café
3. Jungen / gehen / in / Hütte
4. Freunde / gehen / in / Kino
5. Alle / gehen / Montag / nachmittag / in / Museum
6. Wir / gehen / Samstag / in / Stadt
7. Ihr / gehen / in / Kaufhaus
8. Sie / gehen / in / Zug

K   *Answer the following questions, using the appropriate case.*

1. Wo bist du jetzt?
2. Wohin gehst du heute?
3. Wo isst du?
4. Wohin gehst du heute abend?
5. Wo bestellst du eine Limonade?
6. Wo kaufst du den Pullover?

L   *Answer the following in paragraph form.*

Was hat das Schiller-Gymnasium?
Wo ist die Hütte?
Wohin gehen die Klassen?
Wann gehen sie?
Wie fahren sie?
Wer fährt mit der Klasse?
Wie ist das Wetter in Garmisch-Partenkirchen?
Was machen die Jungen und Mädchen sofort?
Was nehmen die Anfänger?
Wo essen sie?
Was ist der Gastwirtschaft gegenüber?
Wann gehen die Jungen und Mädchen ins Tanzlokal?
Was hat das Tanzlokal?
Was tragen die Männer und Jungen?
Was machen alle Leute?
Was trinken sie?

Mündliche Zusammenfassung

Aufgabe 10

1   Unsere Universität ist alt.
    Unser Schloss ist berühmt.
    Seine Ruinen sind romantisch.
    Viele Leute wandern durch den Schlossgarten.

2   Hier ist die Hauptstrasse.
    Gerda und ihr Freund sitzen in der Bierstube.
    Peter und seine Freundin sind im Jazzkeller.

3   Der Fluss heisst der Neckar.
    Über den Fluss führt eine Brücke.
    Studenten rudern.

1

2

3

197

Übungen

A Beantworten Sie die Fragen, bitte!
1. Wie ist die Universität?
2. Ist das Schloss berühmt?
3. Wie sind seine Ruinen?
4. Ist das Schloss im Schlossgarten?
5. Was machen viele Leute?
6. Ist die Bierstube in der Hauptstrasse?
7. Sitzen Gerda und ihr Freund in der Bierstube?
8. Wo sind Peter und seine Freundin?
9. Wie heisst der Fluss?
10. Was machen die Studenten?

B Ergänzen Sie, bitte!
1. _____ Universität ist alt.
2. Unser Schloss ist _____.
3. Die _____ sind romantisch.
4. Leute wandern durch den _____.
5. Hier ist eine _____.
6. Die Freunde sitzen in der _____.
7. Die Freunde sind im _____.
8. Der Neckar ist ein _____.
9. Über den Neckar führt eine _____.
10. Die Studenten _____.

Die Universität Heidelberg

Nomen

A.   Ersetzen Sie, bitte!

Hier ist
| der Fluss.
| der Student.
| der Jazzkeller.
| die Bierstube.
| die Brücke.
| die Hauptstrasse.
| das Schloss.

B.   Beantworten Sie die Fragen, bitte!

Ist der Fluss in Deutschland?
Ist der Student intelligent?
Ist die Bierstube in der Hauptstrasse?
Ist die Brücke berühmt?
Ist die Hauptstrasse im Zentrum?

C.   Beantworten Sie die Fragen, bitte!

Gibt es viele Flüsse in Deutschland?
Gibt es viele Studenten in Heidelberg?
Sind die Bierstuben populär bei den Studenten?
Sind die Brücken modern oder alt?
Sind die Hauptstrassen eng?

Grammatik

The nouns presented in this lesson are:

Singular	*Plural*
der Fluss	die Flüsse
der Student	die Studenten
der Jazzkeller	die Jazzkeller

Singular	*Plural*
die Bierstube	die Bierstuben
die Brücke	die Brücken
die Hauptstrasse	die Hauptstrassen
das Schloss	die Schlösser

Struktur

Possessivadjektive

Nominativ—Singular

mein, dein, sein

A.   Wiederholen Sie, bitte!

Wo ist mein Fussball?
Hier ist dein Fussball.
Wo ist meine Schwester?
Hier ist deine Schwester.
Wo ist mein Buch?
Hier ist dein Buch.

B.   Beantworten Sie die Fragen, bitte!

Ist dein Vater hier?
Ist dein Cousin gross?
Ist dein Freund nett?
Ist dein Pullover neu?
Ist deine Mutter jung?
Ist deine Schwester hier?
Ist deine Tante in München?
Ist deine Bluse neu?
Ist dein Hemd neu?
Ist dein Buch interessant?

Folgen Sie den Anweisungen, bitte!

Fragen Sie Peter, ob sein Pullover neu ist!

Fragen Sie Robert, ob sein Hund jung ist!

Fragen Sie Karl, ob seine Weste aus Leder ist!

Fragen Sie Hans, ob seine Freundin hier ist!

Fragen Sie Dietrich, ob sein Hemd neu ist!

Fragen Sie Marie, ob ihr Rock von Karstadt ist!

Fragen Sie Helene, ob ihr Freund nett ist!

Fragen Sie Ingrid, ob ihre Mutter in der Küche ist!

Fragen Sie Anni, ob ihre Tante nett ist!

Fragen Sie Monika, ob ihr Haus gross ist!

Fragen Sie Karin, ob ihr Auto teuer ist!

D. *Folgen Sie dem Beispiel, bitte!*

> Hemd? →
> Das ist nicht mein Hemd.
> Das ist dein Hemd.

Rock?	Tante?
Weste?	Hemd?
Schule?	Freundin?
Hund?	Karte?
Auto?	Radio?
Paket?	

E. *Wiederholen Sie, bitte!*

Das ist Karl.   Sein Onkel ist sehr nett.

Das ist Robert.   Seine Mutter ist freundlich.

Das ist Hans.   Sein Haus ist ausserhalb von München.

F. *Beantworten Sie die Fragen, bitte!*

Ist das Peters Freund?

Ist sein Freund deutsch?

Ist das Erichs Vater?

Ist sein Vater alt?

Ist das Karls Schlips?

Ist sein Schlips neu?

Ist das Rolfs Hund?

Schläft sein Hund?

Ist das Roberts Freundin?

Ist seine Freundin Studentin?

Ist das Dieters Tante?

Ist seine Tante nett?

Ist das Roberts Haus?

Ist sein Haus elegant?

unser, euer

A. *Wiederholen Sie, bitte!*

Hans und Karl, ist euer Vater hier?

Ruth und Ingrid, ist euer Vater hier?

Ja, unser Vater ist hier.

Ist eure Tante hier?

Ja, unsere Tante ist hier.

Ist euer Haus hier?

Ja, unser Haus ist hier.

B. *Beantworten Sie die Fragen, bitte!*

Ist euer Onkel hier?

Ist euer Vater in Deutschland?

Ist euer Freund am Strand?

Ist euer Schlips neu?

Ist eure Mutter jung?

Ist eure Tante hier?

Kommt eure Freundin?

Schwimmt eure Kusine?

Ist euer Haus modern?

C. *Folgen Sie den Anweisungen, bitte!*

Fragen Sie Karl und Hans, ob ihr Vater hier ist!

Fragen Sie Karin und Helga, ob ihr Bruder intelligent ist!

Fragen Sie die Jungen, ob ihr Freund nach Deutschland fährt!

Fragen Sie die Mädchen, ob ihr Onkel reich ist!

Fragen Sie die Jungen, ob ihre Tante hier ist!

Fragen Sie die Mädchen, ob ihre Schwester nach London fährt!

Fragen Sie die Jungen, ob ihr Buch interessant ist!

Über den Neckar führt eine Brücke

D.   Folgen Sie dem Beispiel, bitte!

| Auto? →
| Das ist nicht unser Auto.
| Das ist euer Auto.

Haus?   Hund?
Gastwirtschaft?   `Karte?
Schule?   Gepäck?
Buch?   Bluse?
Zeitung?

ihr, Ihr

A.   Wiederholen Sie, bitte!

Das ist Ruth.   Ihr Bruder ist intelligent.
Das ist Ingrid.   Ihre Schwester ist hübsch.
Das ist Gerda.   Ihr Buch ist interessant.

B.   Beantworten Sie die Fragen, bitte!

Ist das Ingrids Freund?
Ist ihr Freund hier?
Ist das Erikas Vater?
Ist ihr Vater froh?
Ist das Ingrids Rock?
Ist ihr Rock neu?
Ist das Giselas Freundin?
Ist ihre Freundin hübsch?
Ist das Gertruds Mutter?
Spricht ihre Mutter Deutsch?
Ist das Monikas Bluse?
Ist ihre Bluse neu?
Ist das Karins Haus?
Ist ihr Haus klein?
Ist das Erikas Kleid?
Ist ihr Kleid schön?

C. Wiederholen Sie, bitte!

Wo sind Thomas und Gerda?   Ihr Freund ist hier.
Wo sind Hans und Erika?   Ihre Freundin ist hier.
Wo sind Thomas und Gertrud?   Ihr Buch ist hier.

Herr Tiedemann und
  Herr Braun, wo ist Ihre

Schwester?
Tante?
Mutter?
Freundin?
Lehrerin?

D. Beantworten Sie die Fragen, bitte!

Wo ist der Freund von Thomas und Gerda?
Wo ist ihr Freund?
Wo ist der Onkel von Helga und Robert?
Wo ist ihr Onkel?
Wo ist die Tante von Thomas und Helga?
Wo ist ihre Tante?
Wo ist die Mutter von Robert und Ingrid?
Wo ist ihre Mutter?
Wo ist das Haus von Dietrich und Rolf?
Wo ist ihr Haus?

Frau Schröder, wo ist Ihr

Kleid?
Haus?
Buch?

F. Folgen Sie den Anweisungen, bitte!

Fragen Sie Herrn Schmitt, wo sein Bruder ist!
Fragen Sie Frau Schröder, wo ihr Vater ist!
Fragen Sie die Herren, wo ihre Tante ist!
Fragen Sie Fräulein Goetz, wo ihre Schwester ist!
Fragen Sie die Frau, ob ihr Buch interessant ist!
Fragen Sie Herrn Dieter, ob sein Haus gross ist!

E. Ersetzen Sie, bitte!

Herr Schmitt, wo ist Ihr

Schlitten?
Mantel?
Pullover?
Lehrer?

Grammatik

The possessive adjectives are used to denote ownership. Several possessive adjectives in German are very similar to the indefinite article *ein*. These possessive adjectives are *mein, dein,* and *sein*. Study the following nominative forms.

subject	*masculine*	*feminine*	*neuter*
ich	mein	meine	mein
du	dein	deine	dein
er	sein	seine	sein

All possessive adjectives carry the same endings as the indefinite article *ein*. They are therefore referred to as *ein* words.

The familiar possessive adjective used with the subject *ihr* is *euer*. The possessive adjective for *wir* is *unser*.

wir	unser	unsere (unsre)	unser
ihr	euer	euere (eure)	euer

The possessive adjective that refers to the subject *sie* (*Sie*) is *ihr* (*Ihr*).
Note that *ihr* can mean "her" and "their." When it is capitalized,
it means "your."

| sie | ihr | ihre | ihr |
| Sie | Ihr | Ihre | Ihr |

Wo sind dein Bruder und deine Schwester?
Mein Bruder und meine Schwester sind hier.

Roberts Bruder ist nicht hier. Sein Bruder und auch seine
Mutter sind in Deutschland.

Wo sind euer Vater und eure Mutter?
Unser Vater und unsere Mutter sind in Berlin.

Gerdas Bluse ist neu. Ihre Bluse und auch ihr Kleid sind neu.

Der Freund von Karl und Gertrud ist in Hannover. Ihr Freund
und auch ihre Freundin sind in Hannover.

Herr Schmitt, wo sind Ihr Freund und Ihre Freundin?

Die Ruinen sind romantisch

Possessivadjektive

Akkusativ—Singular

A. Ersetzen Sie, bitte!

Ich suche meinen
| Pullover.
| Schlips.
| Rock.
| Vater.
| Lehrer.

Hast du deine
| Platte?
| Bluse?
| Weste?
| Zeitung?

Karl sieht sein
| Geschenk.
| Paket.
| Haus.
| Buch.

B. Beantworten Sie die Fragen, bitte!

Bekommst du deinen Brief?
Hast du deinen Fussball?
Trägst du deinen Regenmantel?
Suchst du deinen Rock?
Trinkst du deine Limonade?
Spielst du deine Platte?
Besuchst du deine Familie?
Siehst du dein Geschenk?
Schickst du dein Paket?
Verkaufst du dein Haus?
Liest du dein Buch?

C. Folgen Sie dem Beispiel, bitte!

| Siehst du deinen Freund? →
| Nein, ich sehe meinen Freund nicht.
| Ich sehe deinen Freund.

Bäckst du deinen Geburtstagskuchen?
Suchst du deinen Rock?

Das Schloss in Heidelberg ist berühmt

Siehst du deine Mutter?
Findest du deine Karte?
Brauchst du dein Kleid?
Hast du dein Paket?

D. *Beantworten Sie die Fragen, bitte!*

Sieht Karl seinen Freund?
Bekommt Robert seinen Brief?
Hat der Junge seinen Fussball?
Besucht Dietrich seine Freundin?
Sieht er seine Schwester?
Bekommt der Onkel sein Geschenk?
Verkauft Herr Schmitt sein Haus?

E. *Ersetzen Sie, bitte!*

Wir sehen
| unseren Vater.
| unseren Onkel.
| unsere Schwester.
| unsere Mutter.
| unser Geschenk.
| unser Haus.

Bringt ihr
| euren Freund?
| euren Hund?
| eure Mutter?
| eure Schwester?
| euer Geschenk?

F. *Beantworten Sie die Fragen, bitte!*

Bekommt ihr euren Brief?
Habt ihr euren Fussball?
Seht ihr euren Vater?
Besucht ihr eure Familie?
Mögt ihr euer Geschenk nicht?
Bringt ihr euer Paket?

G. *Folgen Sie dem Beispiel, bitte!*

| Der Brief? →
| Wir haben unseren Brief, nicht euren Brief.

Der Wein?
Der Fussball?
Die Karte?

Die Platte?
Das Geschenk?
Das Paket?

H. *Ersetzen Sie, bitte!*

Gertrud hat
| ihren Regenmantel.
| ihren Pullover.
| ihre Bluse.
| ihre Platte.
| ihr Buch.

Karl und Marie verkaufen
| ihren Tisch.
| ihren Hund.
| ihre Gastwirtschaft.
| ihre Karte.
| ihr Geschäft.

Herr Obermeyer, bekommen Sie
| Ihren Brief?
| Ihre Zeitung?
| Ihr Paket?

I. *Beantworten Sie die Fragen, bitte!*

Sieht Karin ihren Freund?
Bekommt Gertrud ihren Brief?
Braucht Erika ihre Karte?
Sucht Gisela ihre Bluse?
Verkauft Frau Dietrich ihr Haus?
Schickt Marie ihr Gepäck?

Haben die Jungen ihren Fussball?
Sehen die Mädchen ihren Lehrer?
Besuchen Hans und Karl ihre Familie?
Lesen die Männer ihre Zeitung?
Bekommen die Kinder ihr Geschenk?

J. *Folgen Sie den Anweisungen, bitte!*

Fragen Sie Herrn Schmitt, ob er seinen Bruder
sieht!
Fragen Sie Frau Obermeyer, ob sie ihre Schwester
besucht!
Fragen Sie Fräulein Dietrich, ob sie ihr Paket
bekommt!

Ausserhalb von Heidelberg

Grammatik

The possessive adjectives in the accusative case function the same as *ein*. You will note that the feminine and neuter accusative possessive adjectives are the same as the nominative forms. The masculine accusative adjective ends in *-en*. Study the following.

Ich habe meinen Brief, meine Zeitung und mein Buch.
Du hast deinen Pullover, deine Bluse und dein Kleid.
Karl sucht seinen Freund, seine Freundin und sein Geschenk.
Wir verkaufen unseren Schlitten, unsere Gastwirtschaft und unser Haus.
Ihr habt euren Fussball, eure Platte und euer Radio.
Gertrud sieht ihren Onkel, ihre Tante und auch ihr Geburtstagsgeschenk gern.
Die Jungen haben ihren Ball, ihre Zeitung und ihr Buch.
Herr Schröder, sehen Sie Ihren Bruder, Ihre Schwester und Ihr Haus?

Zusammenfassung

Beantworten Sie die Fragen, bitte!

Ist mein Vater zu Hause?
Siehst du meinen Vater?
Ist dein Fussball teuer?
Brauchst du deinen Fussball?
Ist Ihr Onkel hier?
Mögen Sie Ihren Onkel nicht?
Ist sein Bruder auch siebzehn?
Sieht Erika seinen Bruder?
Ist ihr Pullover nicht schön?

Magst du ihren Pullover nicht?
Wo ist meine Mutter?
Siehst du meine Mutter?
Lernt deine Schwester Deutsch?
Besucht er deine Schwester?
Ist Ihre Deutschklasse gut?
Finden Sie Ihre Deutschklasse interessant?

Spricht seine Tante Deutsch?   Ist Ihr Auto kaputt?
Sehen wir seine Tante?   Bringen Sie Ihr Auto?
Ist ihre Platte neu?   Ist das sein Geschenk?
Brauchst du ihre Platte?   Hat er sein Geschenk?
Ist mein Hemd nicht schön?   Ist das ihr Telefon?
Magst du mein Hemd nicht?   Siehst du ihr Telefon?

Possessivadjektive

Plural

A. *Ersetzen Sie, bitte!*

Meine
Deine
Seine
Unsere   Freunde sind nett.
Eure
Ihre
Ihre

Der Lehrer sieht | meine / deine / seine / unsere / eure / ihre / Ihre | Freunde.

Meine
Deine
Seine
Unsere   Schwestern fahren nach London.
Eure
Ihre
Ihre

Klaus besucht | meine / deine / seine / unsere / eure / ihre / Ihre | Schwestern.

Meine
Deine
Seine
Unsere   Pakete sind im Zug.
Eure
Ihre
Ihre

Er hat | meine / deine / seine / unsere / eure / ihre / Ihre | Pakete.

B. *Beantworten Sie die Fragen, bitte!*

Sind deine Freunde am Strand?
Sind deine Schlipse neu?
Sind deine Schuhe teuer?
Sind deine Lehrer gut?
Sind deine Freundinnen schön?
Sind deine Platten prima?
Sind deine Blusen klein?
Sind deine Westen neu?
Sind deine Pakete hier?
Sind deine Hemden neu?

Siehst du deine Freunde?
Hast du deine Anzüge?
Verkaufst du deine Platten?
Liest du deine Zeitungen?
Zeigst du deine Pakete?

Sind seine Freunde auf der Universität?
Sind seine Briefe interessant?

Sind seine Fussbälle aus Leder?
Sind seine Tanten hier?
Sind seine Hosen neu?
Sind seine Hemden teuer?

Hat der Junge seine Fussbälle?
Findet das Kind seine Schuhe?
Hat Robert seine Karten?
Spielt Erich seine Platten?
Sucht Karl seine Hemden?

C. *Folgen Sie dem Beispiel, bitte!*

Die Freunde? →
Unsere Freunde sind hier.
Wo sind eure Freunde?

Die Schuhe?
Die Filme?
Die Platten?
Die Sachen?
Die Geschenke?
Die Pakete?

D. *Beantworten Sie die Fragen, bitte!*

Habt ihr eure Regenmäntel?
Seht ihr eure Freunde?

Besucht ihr eure Freundinnen?
Mögt ihr eure Lehrerinnen nicht?
Wiegt ihr eure Pakete?

E. *Ersetzen Sie, bitte!*

| Ihre | Freunde Briefe Karten Freundinnen Pakete | sind in der Hütte. |

F. *Beantworten Sie die Fragen, bitte!*

Sind ihre Freunde auf der Universität?
Sind ihre Briefe interessant?
Fahren ihre Tanten nach Hause?
Sind ihre Blusen neu?
Sind ihre Geschenke schön?
Sieht Gertrud ihre Freunde und ihre Freundinnen?
Sieht Erika ihre Lehrer und ihre Lehrerinnen?
Verkaufen die Künstler ihre Sachen?
Verkaufen die Jungen ihre Autos?
Bekommen die Kinder ihre Geschenke?

Grammatik

All plural possessive adjectives are the same. The ending is -*e* for all genders in both the nominative and accusative cases.

meine Freunde
deine Freundinnen
seine Lehrer

unsere (unsre) Lehrerinnen
euere (eure) Geschenke

ihre Sachen
Ihre Karten

Gespräch

Eine Freundin aus Heidelberg

Karl Wie heisst deine Freundin, Hans?

Hans Meine Freundin? Gertrud. Warum fragst du?

Karl Sie ist sehr schön. Ist sie aus Heidelberg?

Hans Ja, ihre Familie wohnt ausserhalb von Heidelberg.

Karl Was macht ihr Vater?

Hans Er hat eine Konditorei.

Karl Ach, so. Wo ist seine Konditorei?

Hans In der Hauptstrasse.

Fragen

1. Mit wem spricht Karl?
2. Wie heisst seine Freundin?
3. Ist seine Freundin schön?
4. Ist sie aus Heidelberg?
5. Wo wohnt ihre Familie?
6. Was hat ihr Vater?
7. Wo ist die Konditorei?

Aussprache

v	*w*	*j*
Vater	Wetter	Junge
viele	Wasser	jetzt
verkaufen	warm	jeden
von	wo	ja
vorbei	wandern	Jazz
	Wohnzimmer	
	Werbung	
	wiegen	
	Weihnachten	

Die Hauptstrasse, Heidelberg

Lesestück

Ein Brief aus Heidelberg

Heidelberg, den 4. April

Lieber John!

Ich bin Dein Brieffreund. Ich bin sechzehn Jahre alt und wohne in Heidelberg. Ich besuche das Gymnasium, wo ich Sprachen studiere. Ich habe einen Bruder und eine Schwester. Meine Schwester und mein Bruder besuchen die Universität hier in Heidelberg.

Unsere Stadt ist sehr interessant. Im Sommer besuchen viele Touristen unsere Stadt. Besonders die Engländer und Amerikaner kommen gern. Hier sind auch viele Studenten—aus Deutschland, Amerika, Afrika usw., denn die Universität Heidelberg ist alt und berühmt. Unsere Stadt hat auch ein Schloss. Besonders in der Nacht, wenn der Mond scheint, sind seine Ruinen wirklich romantisch. Im Sommer gibt es oft im Schlossgarten Konzerte. Schade, dass sie nur klassische Musik spielen. Meine Freunde und ich gehen trotzdem gern. Vom Schloss sehen wir die Stadt, ihre Brücken und Türme und den Neckar. Der Neckar ist ein Fluss. Er fliesst durch Heidelberg. Rudern ist populär hier bei den Studenten.

der Mond   *moon*
schade   *too bad*
trotzdem   *anyway*
der Turme   *tower*

| der Frühling | *spring* |
| manchmal | *sometimes* |

Der Schlossgarten ist sehr gross. Im Frühling und im Sommer machen meine Freunde und ich Picknicke da. Manchmal bringt mein Freund Klaus-Dieter seine Gitarre mit. Er spielt, und wir singen.

Die Studenten haben hier ihre Wirtschaft. Sie heisst „Zum Roten Ochsen" und ist in der Hauptstrasse. Da trinken wir Bier und essen Bratwurst. Es gibt auch einen Jazzkeller. Er heisst „Cave 45". In unserer Stadt ist immer etwas los. Wann kommst Du nach Heidelberg?

| besser als | *better than* |

In der Schule lerne ich natürlich Englisch. Ist Dein Deutsch besser als mein Englisch?

Bitte, schreib über Deine Stadt, Deine Schule, Deine Familie, Deine Freunde!

Viele Grüsse,
Dein Freund Walter

Fragen

1. Wer ist Johns Brieffreund?
2. Wie alt ist Walter?
3. Wo wohnt er?
4. Was besucht er?
5. Was hat Walter?
6. Was besuchen seine Schwester und sein Bruder?
7. Wie ist Heidelberg?
8. Wer besucht Heidelberg im Sommer?
9. Wo sind viele Studenten?
10. Sind alle aus Deutschland?
11. Was ist berühmt in Heidelberg?
12. Was gibt es im Sommer?
13. Was sehen die Freunde vom Schloss?
14. Was ist der Neckar?
15. Was ist populär?
16. Wo machen Walter und seine Freunde Picknicke?
17. Was bringt Klaus-Dieter mit?
18. Wie heisst eine Wirtschaft in Heidelberg?
19. Wo ist sie?
20. Ist immer etwas los in Heidelberg?

Übungen zum Schreiben

A *Answer the following with complete sentences.*

1. Wie ist die Universität in Heidelberg?
2. Wie ist das Schloss?

3. Wie sind seine Ruinen?
4. Wo wandern viele Leute?
5. Ist die Bierstube populär?
6. Ist die Bierstube in der Hauptstrasse?
7. Was ist der Neckar?
8. Was führt über den Neckar?

B *Complete the following with the appropriate nominative definite article.*

1. _____ Fluss heisst der Neckar.
2. _____ Bierstube ist in der Hauptstrasse.
3. _____ Student spricht Deutsch.
4. Im Zentrum ist _____ Hauptstrasse.
5. _____ Brücke ist sehr alt und romantisch.

C *Rewrite the following, making the subject plural.*

1. Der Fluss ist in Deutschland.
2. Die Brücke ist alt.
3. Die Bierstube ist populär.
4. Der Student ist intelligent.
5. Die Hauptstrasse ist im Zentrum.

Rudern ist populär bei den Studenten, Zell

D *Complete the following with the appropriate form of* mein, dein, *or* sein.

1. _____ Schwester ist in Heidelberg. Wo ist _____ Schwester?
2. Das ist Jörg. _____ Tante und auch _____ Onkel sind jung.
3. Erika, kommt _____ Freund? _____ Freundin kommt nicht.
4. Hier kommt Karl. _____ Haus und auch _____ Auto sind elegant.
5. Ingrid, ist _____ Bluse neu? _____ Kleid ist neu aber nicht _____ Bluse.
6. Das ist Heinz. _____ Hemd ist sehr schön.
7. Karl, kommen _____ Cousin und _____ Kusine?

E *Rewrite the following changing* mein *to* unser *and* dein *to* euer.

1. Wo ist mein Buch? Dein Buch ist nicht hier.
2. Wo ist dein Haus? Mein Haus ist ausserhalb von München.
3. Ist deine Schule in der Hauptstrasse?
4. Mein Auto ist neu.
5. Ist deine Stadt interessant?
6. Heute abend kommen meine Tante und mein Onkel.
7. Wo ist mein Geschenk?
8. Bäckt deine Mutter einen Geburtstagskuchen?

Ein Hotel, Heidelberg

„Zum Roten Ochsen", Heidelberg

F   *Complete the following with the appropriate form of* ihr *or* Ihr.

1. Das ist Gertruds Freund. _____ Freund ist nett und freundlich.
2. Frau Schröder, wo ist _____ Haus?
3. Herr Tiedemann, wann kommt _____ Schwester?
4. Das ist Ingrids Bluse. _____ Bluse ist neu.
5. Hier sind Karl und Hans. _____ Tante und _____ Onkel schicken ein Geschenk.
6. Wo sind Thomas und Gerda? _____ Freund ist hier.
7. Das ist Karins Vater. _____ Vater spricht Deutsch.
8. Fräulein Goetz, wo ist _____ Schule?

G   *Complete the following with the appropriate accusative form of* mein, dein, *or* sein.

1. Karl sieht _____ Vater und _____ Mutter gern.
2. Ich habe _____ Buch und _____ Zeitung.
3. Ingrid, magst du _____ Rock nicht?
4. Hans besucht _____ Grossmutter und _____ Grossvater.
5. Karl, magst du _____ Hemd und _____ Weste nicht?
6. Ingrid, bekommst du _____ Geschenk?
7. Ich backe _____ Geburtstagskuchen.
8. Erika, findest du _____ Karte interessant?

H   *Complete the following with the appropriate accusative form of* unser *or* euer.

1. Karl und Ingrid, verkauft ihr _____ Haus?
2. Samstag besuchen wir _____ Tante und _____ Onkel.
3. Seht ihr _____ Freund oft?

4. Karl und Hans, habt ihr _____ Gepäck und _____ Karte?
5. Nein, wir suchen _____ Gepäck und _____ Karte.
6. Wir finden _____ Hund nicht.
7. Wir sehen _____ Vater und _____ Mutter gern.
8. Karl und Ingrid, habt ihr _____ Buch?

I *Complete the following with the appropriate accusative form of* ihr *or* Ihr.

1. Gerda ist nicht hier, aber ich sehe _____ Bruder und _____ Schwester.
2. Ingrid und Marie mögen _____ Auto nicht.
3. Die Jungen lesen _____ Buch.
4. Herr Dietrich, besuchen Sie _____ Familie in Deutschland?
5. Hans und Dieter wiegen _____ Gepäck.
6. Fräulein Weiss, bekommen Sie _____ Brief?
7. Erika sucht _____ Platte.
8. Frau Tiedemann verkauft _____ Haus.

J *Rewrite the following changing the italicized elements to the plural.*

1. *Meine Schwester* ist nicht hier.
2. Ich suche *meinen Anzug*, denn ich brauche *ihn*.
3. *Euer Lehrer* ist sehr interessant.
4. Karl verkauft *sein Auto*, und ich kaufe *es*.
5. Wir sehen *unseren Freund* gern, und wir sehen *ihn* oft.
6. *Dein Hund* schläft viel.
7. Gerda besucht *ihre Tante*.
8. *Meine Karte* ist nicht hier, und ich suche *sie*.
9. Wir haben *unser Geschenk* nicht, und wir suchen *es*.
10. *Ihre Weste* ist neu.

K *Answer the following questions in paragraph form.*

Ist Heidelberg interessant?
Besuchen viele Touristen Heidelberg?
Hat Heidelberg eine Universität?
Wie ist die Universität?
Hat die Stadt auch ein Schloss?
Wie sind seine Ruinen?
Was gibt es im Sommer im Schlossgarten?
Was machen die Jungen im Frühling im Schlossgarten?
Was ist der Neckar?
Wo fliesst er?
Ist Rudern populär bei den Studenten?
Ist in Heidelberg immer etwas los?

Mündliche Zusammenfassung

Aufgabe 11

Vokabeln

1   Hier ist der Hauptbahnhof.
Peter steht am Schalter.
Peter kauft seiner Schwester eine Fahrkarte.
Er kauft eine Rückfahrkarte.
Erika gibt ihrem Freund die Fahrkarte.

2   Sie finden den Bahnsteig.
Der Zug wartet auf Gleis Nummer neun.
Ich zeige meiner Freundin den Gepäckwagen.

3   Wir schenken unserem Bruder ein Fahrrad.
Klaus zeigt seinem Freund den Rucksack.

4 Die Jungen machen eine
    Radtour.
  Sie sehen Kiefern.
  Gerhard bringt seiner
    Freundin Heidekraut.
  Das Land ist flach.

Übungen

A   Beantworten Sie die Fragen, bitte!
  1. Ist das der Hauptbahnhof?
  2. Was kauft Peter seiner Schwester?
  3. Was gibt Erika ihrem Freund?
  4. Finden Erika und Peter das Gleis?
  5. Hat der Zug einen Gepäckwagen?
  6. Schenken wir unserem Bruder ein Fahrrad?
  7. Was zeigt Klaus seinem Freund?
  8. Was machen die Jungen?
  9. Was sehen sie?
 10. Was bringt Gerhard seiner Freundin?

B   Ergänzen Sie, bitte!
  1. Hier ist der _____.
  2. Peter kauft eine _____.
  3. Peter steht am _____.
  4. Erika gibt _____ Freund die Fahrkarte.
  5. Sie finden das _____.
  6. Der Zug hat einen _____.
  7. Wir schenken dem Bruder ein _____.
  8. Klaus hat einen _____.
  9. Wir machen eine _____.
 10. Am Schalter kauft Peter eine _____.
 11. Wir sehen _____.
 12. Er bringt seiner Freundin _____.
 13. Das _____ ist flach.

Nomen

A. Ersetzen Sie, bitte!

Wo ist
| der Hauptbahnhof?
| der Bahnsteig?
| der Schalter?
| der Gepäckwagen?
| der Rucksack?
| die Fahrkarte?
| das Gleis?
| das Fahrrad?

B. Beantworten Sie die Fragen, bitte!

Ist der Hauptbahnhof im Zentrum?
Ist der Schalter im Hauptbahnhof?

Ist der Gepäckwagen gross?
Ist der Rucksack aus Leder?
Ist die Radtour im Juli?
Ist das Gleis dem Schalter gegenüber?
Ist das Fahrrad neu?
Ist das Land flach?

C. Beantworten Sie die Fragen, bitte!

Sind die Schalter im Hauptbahnhof?
Sind die Rucksäcke neu?
Sind die Fahrräder neu?

Grammatik

The nouns presented in this lesson are:

Singular	Plural		Singular	Plural
der Hauptbahnhof	die Hauptbahnhöfe		die Fahrkarte	die Fahrkarten
der Rucksack	die Rucksäcke		die Radtour	die Radtouren
der Bahnsteig	die Bahnsteige		das Gleis	die Gleise
der Schalter	die Schalter		das Fahrrad	die Fahrräder
der Gepäckwagen	die Gepäckwagen		das Land	die Länder

Struktur

Possessivadjektive

Dativ—Singular

mein, dein, sein

A. Ersetzen Sie, bitte!

Ich kaufe meinem
| Onkel
| Bruder
| Freund
ein Hemd.

Was schenkst du deinem
| Lehrer?
| Vater?
| Bruder?

Karl schreibt seinem
| Vater
| Lehrer
| Onkel
einen Brief.

Ich gebe meiner
| Schwester
| Tante
| Freundin
eine Bluse.

Dankst du deiner

| Lehrerin? |
| Tante? |
| Schwester? |

Karl bringt seiner

| Mutter |
| Schwester | Heidekraut. |
| Freundin |

B. Beantworten Sie die Fragen, bitte!

Kaufst du deinem Vater ein Geschenk?
Schenkst du deinem Bruder einen Fussball?
Schreibst du deinem Freund einen Brief?
Gibst du deinem Onkel eine Fahrkarte?
Zeigst du deiner Freundin den Gepäckwagen?
Gibst du deiner Lehrerin ein Buch?
Bringst du deiner Mutter Heidekraut?
Schreibst du deiner Tante einen Brief?

Gibt Karl seinem Bruder ein Hemd?
Dankt Hans seinem Vater?
Gibt Karl seinem Freund das Radio?
Zeigt Robert seinem Brieffreund die Stadt?
Gibt Heinz seiner Mutter die Flugkarte?
Zeigt Klaus seiner Freundin den Rucksack?
Dankt Erich seiner Grossmutter?
Gibt Herr Schmitt seiner Schwester einen Rock?

C. Folgen Sie dem Beispiel, bitte!

Gibst du deinem Freund den Fussball? →
Nicht meinem Freund, deinem Freund.

Gibst du deinem Vater die Zeitung?
Bringst du deinem Onkel ein Geschenk?
Zeigst du deinem Freund den Zug?
Gibst du deiner Schwester das Fahrrad?
Zeigst du deiner Freundin die Stadt?
Schreibst du deiner Tante einen Brief?

unser, euer

A. Ersetzen Sie, bitte!

Wir geben unserem

| Freund |
| Bruder | ein Fahrrad. |
| Vater |

Was gebt ihr eurem

| Freund? |
| Bruder? |
| Vater? |

Wir zeigen unserer

| Schwester |
| Freundin | einen Rucksack. |
| Kusine |

Was zeigt ihr eurer

| Schwester? |
| Freundin? |
| Kusine? |

B. Beantworten Sie die Fragen, bitte!

Kauft ihr eurem Vater ein Geschenk?
Gebt ihr eurem Freund die Theaterkarte?
Bringt ihr eurem Grossvater den Wein?
Schenkt ihr eurem Onkel ein Geburtstagsgeschenk?
Gebt ihr eurer Freundin die Flugkarte?
Zeigt ihr eurer Lehrerin das Buch?

ihr, Ihr

A. Ersetzen Sie, bitte!

Gertrud kauft ihrem

| Vater |
| Bruder | ein Geschenk. |
| Freund |

Sie kauft auch ihrer

| Mutter |
| Schwester | ein Geschenk. |
| Freundin |

Die Jungen
Die Mädchen
Die Kinder

| geben ihrem |

| Vater |
| Onkel | das Buch. |
| Cousin |

Und was geben

| die Jungen |
| die Mädchen | ihrer |
| die Kinder |

| Mutter? |
| Tante? |
| Lehrerin? |

Frau Dietrich, schicken Sie Ihrem

| Vater |
| Bruder | einen Brief? |
| Sohn |

222

Der Zug wartet auf Gleis Nummer neun

Der Hauptbahnhof, Hamburg

Herr Liebermann,
    was geben Sie Ihrer | Schwester?
                           Mutter?
                           Tochter?

B.   Beantworten Sie die Fragen, bitte!

Gibt Karin ihrem Freund eine Theaterkarte?
Bäckt Gisela ihrem Bruder einen Kuchen?
Schreibt Erika ihrem Vater einen Brief?
Kauft Hilde ihrer Schwester eine Bluse?
Gibt Gretchen ihrer Lehrerin das Buch?
Zeigt Hannelore ihrer Freundin das Fahrrad?

Was geben die Jungen ihrem Vater?
Was kaufen die Mädchen ihrem Bruder?
Was zeigen die Mädchen ihrem Freund?
Was schreiben die Jungen ihrer Schwester?

Was bringen die Mädchen ihrer Mutter?
Was schicken die Jungen ihrer Tante?

C.   Folgen Sie den Anweisungen, bitte!

Fragen Sie den Herrn, ob er seinem Vater ein
   Geschenk schickt!
Fragen Sie das Fräulein, ob sie ihrem Freund eine
   Theaterkarte gibt!
Fragen Sie die Frau, ob sie ihrem Bruder einen
   Brief schreibt!
Fragen Sie den Herrn, ob er seiner Mutter Heide-
   kraut bringt!
Fragen Sie das Fräulein, ob sie ihrer Freundin
   einen Brief schreibt!
Fragen Sie die Frau, ob sie ihrer Tochter ein
   Geschenk kauft!

223

Grammatik

The possessive adjectives in the dative case have the same endings as the dative indefinite articles.

masculine	einem	meinem	deinem	seinem	unserem	eurem	ihrem
feminine	einer	meiner	deiner	seiner	unserer	eurer	ihrer
neuter	einem	meinem	deinem	seinem	unserem	eurem	ihrem

Note that the first *e* in *unserem* and *unserer* is often omitted. You will sometimes see *eurem* and *eurer* written *euerem* and *euerer*.

Ich kaufe meinem Vater ein Geschenk.
Was kaufst du deiner Mutter?
Karl gibt seinem Bruder einen Ball.
Wir schreiben unserer Tante einen Brief.
Was schreibt ihr eurem Onkel?
Gertrud bäckt ihrem Bruder einen Kuchen.

Zusammenfassung

A.   *Beantworten Sie die Fragen, bitte!*

Was gibst du deinem Bruder und deiner Schwester?
Was schreibt Johann seinem Onkel und seiner Tante?
Was kaufe ich meinem Vater und meiner Mutter?
Was zeigt ihr eurem Freund und eurer Freundin?
Was geben wir unserem Lehrer und unserer Lehrerin?
Was schickt Gertrud ihrem Bruder und ihrer Schwester?

Die Jungen tragen Rucksäcke

Ist dein Bruder hier?

Siehst du deinen Bruder?

Zeigst du deinem Bruder die Stadt?

Ist deine Schwester hübsch?

Siehst du deine Schwester?

Gibst du deiner Schwester ein Geschenk?

Ist Karls Vater nett?

Wie ist sein Vater?

Besuchst du seinen Vater?

Gibst du seinem Vater die Zeitung?

Gibst du seiner Mutter ein Buch?

Ist das Ingrids Freundin?

Ist ihre Freundin hier?

Siehst du ihre Freundin?

Zeigst du ihrer Freundin München?

Ist euer Bruder in der Schule?

Hat euer Bruder Deutsch?

Besucht Gertrud euren Bruder?

Gebt ihr eurem Bruder ein Buch?

Possessivadjektive

Dativ—Plural

	seinen	
	meinen	
Karl gibt	deinen	Brüdern die Zeitung.
	unseren	
	euren	
	ihren	

A.   Ersetzen Sie, bitte!

	Brüdern	
	Freunden	
Ich gebe meinen	Lehrern	ein Buch.
	Schwestern	
	Tanten	

	Brüdern?
	Freunden?
Was gibst du deinen	Lehrern?
	Schwestern?
	Tanten?

B.   Beantworten Sie die Fragen, bitte!

Was gibst du deinen Brüdern?

Was schickst du deinen Schwestern?

Was kaufst du deinen Freunden?

Was zeigt Karl seinen Freundinnen?

Was schreibt Erich seinen Eltern?

Was gebt ihr euren Freunden?

Was schickt ihr euren Tanten?

Was gibt Karin ihren Brüdern?

Was schreibt Gertrud ihren Freundinnen?

Was geben die Jungen ihren Eltern?

Was zeigen die Mädchen ihren Lehrerinnen?

Grammatik

All dative plural possessive adjectives end in *-en* the same as the definite article *den.*

den, meinen, deinen, seinen, unseren, euren, ihren

Das Perfekt

Schwache Verben

A.   *Wiederholen Sie, bitte!*

Er hat von Erich gehört.
Sie hat den Pass gebraucht.
Sie haben in München gewohnt.

B.   *Ersetzen Sie, bitte!*

Ich habe nichts | gebraucht.
| geplant.
| geholt.
| gelernt.

Wir haben ein Geschenk | gekauft.
| gesucht.
| gehabt.
| geschickt.

Hast du | gespielt?
| gehört?
| gebaut?

Was habt ihr | geschenkt?
| gezeigt?
| gemacht?
| gesagt?

Bauernhaus, Lüneburger Heide

C. *Beantworten Sie die Fragen, bitte!*

Hat Klaus den Pass gebraucht?
Hat Erika Musik gehört?
Hat Peter in Berlin gewohnt?
Hat Gerhard den Wein geholt?

Haben die Jungen ein Auto gebaut?
Haben die Mädchen ein Geschenk gekauft?
Haben Erika und Inge eine Tour geplant?
Haben die Mädchen Geld gehabt?

Hast du einen Pullover gekauft?
Hast du eine Party geplant?
Hast du ein Auto gehabt?
Hast du Karin gesucht?

Habt ihr den Mantel gebraucht?
Habt ihr die Taxe geholt?

Habt ihr den Schlips geschenkt?
Habt ihr das Paket geschickt?

Haben Sie die Fahrkarte gekauft?
Haben Sie Deutsch gelernt?
Haben Sie Helga gedankt?
Haben Sie Fussball gespielt?

D. *Folgen Sie den Anweisungen, bitte!*

Fragen Sie Peter, ob er von Klaus gehört hat!
Fragen Sie die Mädchen, was sie geholt haben!
Fragen Sie Herrn und Frau Baier, was sie gesucht
  haben!
Fragen Sie die Jungen, was sie gelernt haben!

Grammatik

The present perfect tense for most verbs consists of the present tense of the verb *haben* and the past participle.

ich habe gehört	wir haben gehört
du hast gehört	ihr habt gehört
er, sie, es hat gehört	sie, Sie haben gehört

The past participle of regular weak verbs consists of the prefix *ge-* and the third person singular verb form.

hören	er hört	gehört
kaufen	er kauft	gekauft
suchen	er sucht	gesucht

German verbs are categorized as weak or strong verbs. A weak verb is one which has no vowel change in its stem in the past tense. Its past participle ends in *-t* or *-et* and is usually preceded by the prefix *ge-*.

A strong verb (to be studied later) has a vowel change in its stem. Its past participle does not end in *-t* or *-et*.

The present perfect tense is used to express an action that has been completed in the past.

Peter, hast du heute ein Hemd gekauft?

Note that the past participle appears at the end of the sentence.

When a sentence in the present perfect is negative, *nicht* immediately precedes the past participle.

> Karl hat das Buch nicht gesucht.
> Wir haben das nicht gelernt.

Zusammenfassung

Folgen Sie dem Beispiel, bitte!

> Fussball spielen? Ich? →
> Ich habe heute schon Fussball gespielt.

Einen Pullover kaufen? Wir?
Deutsch lernen? Er?
Petra danken? Ich?
Einen Brief schicken? Erika?
Musik hören? Die Jungen?
Viele Platten kaufen? Die Mädchen?
Das Buch suchen? Der Lehrer?
Das Paket schicken? Ich?
Das Abendessen machen? Gertrud?

Einige starke Verben

A. *Wiederholen Sie, bitte!*
Er hat Berlin gesehen.
Sie hat gelesen.
Die Jungen haben geschlafen.
Sie haben die Taxe gerufen.

B. *Ersetzen Sie, bitte!*

Ich habe nichts | gesehen.
Ich habe nichts | gegeben.
Ich habe nichts | gelesen.

Wir haben | gelesen.
Wir haben | geschlafen.
Wir haben | gerufen.

Hast du | gerufen?
Hast du | geschlafen?
Hast du | gelesen?

C. *Beantworten Sie die Fragen nach dem Beispiel, bitte!*

> Hat Karl das Geschenk gesehen? →
> Nein, er hat das Geschenk nicht gesehen.

Hat Erika den Film gesehen?
Hat der Mann gerufen?
Hat Peter geschlafen?

Haben die Freunde München gesehen?
Haben sie die Zeitung gelesen?
Haben die Jungen geschlafen?

Abteil

Hast du die Taxe gerufen?
Hast du den Roman gelesen?
Hast du das Fernsehprogramm gesehen?

Haben Sie die Stadt gesehen?
Haben Sie gut geschlafen?
Haben Sie viel gelesen?

D. Folgen Sie den Anweisungen, bitte!

Fragen Sie Heinz, ob er gut geschlafen hat!
Fragen Sie Erika und Gerda, was sie gelesen haben!
Fragen Sie die Jungen, was sie gesehen haben!
Fragen Sie den Herrn, ob er gerufen hat!
Fragen Sie Arno und Ingrid, ob sie München gesehen haben!

Grammatik

The past participle of some strong verbs consists of the prefix *ge-* and the infinitive form of the verb.

lesen	gelesen
rufen	gerufen
schlafen	geschlafen
sehen	gesehen
geben	gegeben

Zusammenfassung

Folgen Sie dem Beispiel, bitte!

> Schläfst du? →
> Nein, ich habe schon geschlafen.

Seht ihr den Film?
Lesen Sie den Roman?
Gibst du ein Geschenk?
Rufst du Jürgen?
Schlafen Sie jetzt?

Gespräch

Eine Radtour

Jürgen	Wir gehen morgen ins Kino. Kommst du, Bernhard?
Bernhard	Das geht nicht. Ich zeige meiner Freundin Gabriele die Stadt.
Jürgen	Fahrt ihr mit dem Bus?
Bernhard	Nein, wir machen eine Radtour.
Jürgen	Das ist aber nett. Geht ihr auch in ein Restaurant?
Bernhard	Nein, im Rucksack nehmen wir Brot und Käse mit.

Fragen

1. Geht Jürgen morgen ins Kino?
2. Geht Bernhard auch ins Kino?
3. Was zeigt Bernhard seiner Freundin?
4. Fahren sie mit dem Bus?
5. Fahren sie mit dem Rad?
6. Was nehmen sie im Rucksack mit?

Aussprache

br	*dr*	*fr*	*gr*	*kr*
brauchen	draussen	fragen	gross	krank
Brücke		Freundin	Programm	Heidekraut
bringen		Frau		
Brot		Freitag		
Brief				

pr		*spr*		*tr*
Preise		sprechen		trinken
Praline		Sprache		trifft
Programm				tragen

Eine Strasse, Lüneburg

Lesestück

Eine Radtour in der Lüneburger Heide

Es ist acht Uhr. Wolfgang, Uwe und Hannelore aus Braunschweig machen eine Radtour in der Lüneburger Heide. Mit Fahrrad und Rucksack fahren die drei zum Hauptbahnhof. „Drei Rückfahrkarten nach Celle, bitte!" sagt Wolfgang und kauft seinem Freund und seiner Schwester die Fahrkarten. Hannelore zeigt ihrem Bruder und ihrem Freund, wo der Bahnsteig ist. Ihr Zug wartet auf Gleis Nummer neun. Die Fahrräder sind im Gepäckwagen. Die drei finden Sitzplätze. Im Abteil ist schon eine Frau mit ihrem Kind. Sie trinkt Kaffee und gibt ihrem Kind einen Apfel. „Guten Morgen" und „Guten Appetit" sagen Wolfgang, Uwe und Hannelore. Der Beamte kommt und kontrolliert die Fahrkarten.

Es ist zwei Stunden später. Die drei holen ihre Räder aus dem Gepäckwagen. Uwe hilft seiner Freundin mit dem Rad und dem Rucksack. Die Radtour geht los. Bald kommen sie in die Lüneburger Heide. Hier sehen sie viele Fachwerkhäuser. Das Land ist flach und sandig, und überall sieht man Heidekraut und Kiefern.

Um zwölf machen sie Mittagspause. Sie öffnen die Rucksäcke und machen ein Picknick unter der warmen Sonne.

das Abteil *compartment*

der Beamte *conductor*

später *later*

sandig *sandy*
die Mittagspause *rest at noon, lunch break*

232

Fragen

1. Was machen Wolfgang, Uwe und Hannelore?
2. Wo machen sie die Radtour?
3. Haben sie ein Fahrrad und einen Rucksack?
4. Fahren sie zum Hauptbahnhof?
5. Was kauft Wolfgang?
6. Kauft Wolfgang seiner Schwester eine Fahrkarte?
7. Was zeigt Hannelore ihrem Bruder und ihrem Freund?
8. Ist ihr Zug auf Gleis Nummer neun?
9. Wo sind die Fahrräder?
10. Was finden die drei?
11. Was gibt die Frau ihrem Kind?
12. Was sagen Wolfgang, Uwe und Hannelore?
13. Was kontrolliert der Beamte?
14. Was holen die drei aus dem Gepäckwagen?
15. Hilft Uwe seiner Freundin?
16. Was geht los?
17. Wann kommen sie in die Lüneburger Heide?
18. Was sehen sie hier?
19. Was sieht man überall?
20. Wie ist das Land?
21. Um wieviel Uhr machen sie Mittagspause?

Übungen zum Schreiben

A   *Form sentences from the following.*

1. Zentrum / sein / Hauptbahnhof
2. Wo / sein / Bahnsteig / Nummer / zwei
3. Um wieviel / Uhr / kommen / Zug
4. Peter / kaufen / Fahrkarte / Schalter
5. Jungen / machen / Radtour
6. Sie / haben / Fahrrad / und / Rucksack

B   *Complete the following with the appropriate definite article.*

1. _____ Rucksack ist nicht so gross.
2. Wo ist denn _____ Schalter, bitte!
3. Heute ist _____ Radtour.
4. _____ Land ist flach.
5. _____ Fahrrad ist neu.
6. _____ Hauptbahnhof ist in der Hauptstadt.

C   *Complete the following with the appropriate indefinite article.*

1. Der Junge hat _____ Rucksack und _____ Fahrrad.
2. Die Jungen machen _____ Radtour.

3. Erika kauft _____ Fahrkarte.
4. Wir sehen _____ Gepäckwagen.

D   *Complete the following with the appropriate dative form of the possessive adjective.*

1. Ich gebe _____ Schwester die Fahrkarte.
2. Wir zeigen _____ Lehrer das Buch.
3. Die Mutter gibt _____ Kind eine Bratwurst.
4. Bringst du _____ Vater die Zeitung?
5. Die Jungen kaufen _____ Schwester ein Fahrrad.
6. Hans schickt _____ Tante das Paket.
7. Wir danken _____ Freund und _____ Freundin.
8. Ich kaufe _____ Vater ein Geschenk.
9. Kaufst du _____ Bruder ein Hemd?
10. Gertrud schreibt _____ Cousin einen Brief.
11. Die Mädchen zeigen _____ Freundin die Stadt.
12. Karl gibt _____ Freund das Gepäck.
13. Gebt ihr _____ Schwester die Fahrkarte?
14. Herr Schmitt, schreiben Sie _____ Freund einen Brief?
15. Karl und Hans, was bringt ihr _____ Grossvater?

E   *Complete the following with the appropriate nominative, dative, or accusative possessive adjective.*

1. Ich sehe _____ Freund.
2. Karl, wo ist _____ Freund?
3. Erika gibt _____ Freund ein Geschenk.
4. Karl und Ingrid, ist _____ Vater hier?
5. Nein, _____ Vater ist in der Stadt.
6. Die Jungen zeigen _____ Mutter die Universität.
7. Karl sagt, dass _____ Schwester eine Boutique hat.
8. Ingrid und _____ Bruder fahren nach London.
9. Wir schicken _____ Freundin ein Buch.
10. Karl, wo wohnt _____ Freundin?
11. Erika, hier kommt _____ Tante.
12. Ich sehe _____ Freund, und ich gebe _____ Freund die Fahrkarte.

F   *Answer the following, using a possessive adjective.*

1. Wem kauft Peter eine Platte?
2. Wem zeigt Christa die Stadt?
3. Wem schreibst du einen Brief?
4. Wem schicken Sie ein Paket?
5. Wem kaufen Sie den Wein?

Das Land ist flach

G   *Answer the following with a possessive adjective, according to the model.*

> Gibst du deiner Freundin die Bluse? →
> Ja, ich gebe sie meiner Freundin.

1. Schickt Ihr eurer Tante das Paket?
2. Gibt Karl seinem Vater die Zeitung?
3. Kauft Erika ihrem Bruder das Hemd?
4. Schreibst du deiner Mutter den Brief?
5. Zeigen die Studenten ihrer Freundin die Universität?
6. Gebt Ihr eurem Bruder den Fussball?

H   *Rewrite the following, making the indirect objects plural.*

1. Ich gebe meinem Bruder einen Fussball.
2. Wir kaufen deinem Lehrer ein Buch.
3. Er gibt seiner Freundin die Platte.
4. Sie zeigen ihrer Tante die Karte.
5. Ich schreibe unserer Schwester einen Brief.
6. Ihr dankt eurem Onkel.
7. Karl zeigt seiner Schwester die Stadt.
8. Der Vater baut seinem Kind ein Schloss.

I   *Complete the following with the appropriate form of the present perfect tense of the indicated verb.*

1. Ich _____ viel _____. *lernen*
2. Wir _____ eine Bluse _____. *kaufen*

235

3. _____ Sie die Musik _____? *hören*
4. _____ du deiner Tante das Paket _____? *schicken*
5. Karl _____ den Pass _____. *brauchen*
6. Die Kinder _____ Steine _____. *suchen*
7. Wir _____ den Wein _____. *holen*
8. Was _____ ihr _____? *machen*

J *Rewrite the following in the present perfect.*

1. Wir brauchen nichts.
2. Ich kaufe meiner Schwester eine Platte.
3. Karl zeigt der Stewardess die Flugkarte.
4. Was schicken Sie Ihrer Tante?
5. Die Jungen spielen Ball.
6. Das Kind baut ein Schloss.
7. Wir lernen Deutsch.
8. Unsere Mutter macht das Abendessen.
9. Wir wohnen in Berlin.
10. Karl holt den Wein.

K *Rewrite the following in the present perfect.*

1. Wir sehen das Programm.
2. Ich schlafe gut.
3. Die Studenten lesen den Roman.
4. Karl ruft eine Taxe.
5. Gertrud gibt ihrem Vater die Zeitung.
6. Der Hund schläft im Wohnzimmer.
7. Erika und Hans, was lest ihr?
8. Karl, was gibst du deinem Cousin?

L *Answer the following questions in paragraph form.*

Ist Karl im Bahnhof?
Fährt er nach München?
Fährt er mit Gertrud?
Ist Gertrud seine Schwester?
Kauft Karl die Fahrkarten?
Kauft er Rückfahrkarten?
Wo kauft er sie?
Gibt er seiner Schwester ihre Karte?
Um wieviel Uhr kommt der Zug?
Finden sie den Bahnsteig?
Haben sie viel Gepäck?
Haben sie nur einen Rucksack?

Mündliche Zusammenfassung

Aufgabe 12

Vokabeln

1 Die Fremden wollen die Stadt sehen.
Das ist ein Fremdenführer.
Die Fremden möchten den See sehen.
Sie dürfen rudern und segeln.

2 Der Bus macht eine Stadtrundfahrt.
Die Fremden und Touristen sind im Bus.
Sie können die Strassen und Gebäude gut sehen.

3 Der Tourist will den Hafen besuchen.
Die Leute im Hafen sind beschäftigt.
Die Matrosen sind auf dem Schiff.

1

2

3

4 Der Zoo hat viele Tiere.
Sie sind nicht im Käfig.

4

Übungen

A Beantworten Sie die Fragen, bitte!
1. Was wollen die Fremden sehen?
2. Ist das ein Fremdenführer?
3. Möchten die Fremden den See sehen?
4. Dürfen sie rudern?
5. Dürfen sie segeln?
6. Was macht der Bus?
7. Was können die Touristen gut sehen?
8. Was will der Tourist besuchen?
9. Wie sind die Leute im Hafen?
10. Wo sind die Matrosen?
11. Was hat der Zoo?
12. Sind die Tiere im Käfig?

B Ergänzen Sie, bitte!
1. Die _____ wollen die Stadt sehen.
2. Der Mann ist ein _____.
3. Die Leute wollen den _____ sehen.
4. Der Bus macht eine _____.
5. Die Touristen möchten den _____ besuchen.
6. Die Leute im Hafen sind _____.
7. Auf dem Schiff sind _____.
8. Die _____ sind im Zoo.

Nomen

A. Ersetzen Sie, bitte!

Der Käfig Der Hafen Der Matrose Der Zoo Das Schiff Das Tier	ist hier.

Die Häfen Die Matrosen Die Schiffe Die Tiere	sind hier.

B. Beantworten Sie die Fragen, bitte!

Ist der Käfig im Zoo?
Ist der Hafen schön?
Ist der Matrose deutsch?
Ist der Zoo in der Stadt?
Ist das Schiff alt?

Sind die Häfen schön?
Sind die Matrosen hier?
Sind die Schiffe im Hafen?
Sind die Tiere im Käfig?

Grammatik

The nouns presented in this lesson are:

Singular	Plural		Singular	Plural
der Hafen	die Häfen		die Stadtrundfahrt	die Stadtrundfahrten
der Matrose	die Matrosen			
der Zoo	die Zoos		das Schiff	die Schiffe
der Käfig	die Käfige		das Tier	die Tiere

Struktur

Modale Hilfsverben

dürfen, müssen, können, wollen, sollen

Erste und dritte Person—Singular

A. Wiederholen Sie, bitte!

Ich darf morgen kommen.
Ich muss morgen kommen.
Ich kann morgen kommen.
Robert will morgen kommen.
Gerda soll morgen kommen.

B. Ersetzen Sie, bitte!

Ich	darf muss kann will soll	nicht gehen.

Sieglinde	soll will kann	helfen.

Ihr Bruder	muss will darf	kommen.

241

C. *Beantworten Sie die Fragen, bitte!*

Darf Peter helfen?
Darf er kommen?
Darf Frank in die Bierstube gehen?
Muss Sieglinde Geld haben?
Muss sie arbeiten?
Muss der Student Hausarbeiten machen?
Kann der Junge Englisch sprechen?
Kann das Mädchen Tennis spielen?
Will Frank ein Buch schreiben?
Will der Lehrer Hausarbeiten geben?
Soll der Fremde den Hafen besuchen?

Darfst du kommen?
Darfst du morgen kommen?
Darfst du nach Hannover fahren?
Darfst du ins Kino gehen?
Musst du Englisch lernen?
Musst du Deutsch lernen?
Musst du das Buch lesen?
Kannst du kommen?
Kannst du das Abendessen machen?
Willst du nach London fliegen?
Willst du jetzt essen?
Willst du schlafen?
Sollst du mit Detlev spielen?
Sollst du auf dem Markt arbeiten?

Zweite Person—Singular

A. *Ersetzen Sie, bitte!*

Darfst
Musst
Kannst | du morgen kommen?
Willst
Sollst

B. *Folgen Sie den Anweisungen, bitte!*

Fragen Sie Dieter, ob er seine Freundin besuchen
   muss!
Fragen Sie Ingrid, ob sie gehen will!
Fragen Sie Robert, ob er nach Frankfurt fliegen
   kann!
Fragen Sie Erika, ob sie das Buch lesen soll!

Erste und dritte Person—Plural

A. *Wiederholen Sie, bitte!*

Wir dürfen kommen.
Wir müssen gehen.
Die Jungen können gut schwimmen.
Sie wollen nach Frankfurt fahren.
Frank und Peter sollen Geographie lernen.

B. *Ersetzen Sie, bitte!*

      | müssen
Wir | wollen | Deutsch lernen.
      | können

Dürfen
Können | Sie Deutschland besuchen?
Wollen

C. *Beantworten Sie die Fragen, bitte!*

Dürfen Klaus und Anna ins Theater gehen?
Müssen Uwe und Christian nach London fliegen?
Können sie Französisch sprechen?
Wollen Wolfgang und Heidi eine Radtour
   machen?
Sollen sie mit dem Rad fahren?
Könnt ihr jetzt gehen?
Müsst ihr Hausarbeiten machen?
Könnt ihr ins Kino gehen?
Wollt ihr in München wohnen?
Sollt ihr eine Karte schreiben?

Zweite Person und Höflichkeitsform

A. *Ersetzen Sie, bitte!*

Müsst
Könnt
Dürft | ihr Frank helfen?
Sollt
Wollt

Müssen
Können
Dürfen   Sie in die Stadt gehen?
Sollen
Wollen

B.   *Folgen Sie den Anweisungen, bitte!*

Fragen Sie die Jungen, ob sie kommen können!
Fragen Sie die Mädchen, ob sie gehen müssen!
Fragen Sie die Freunde, ob sie arbeiten sollen!
Fragen Sie das Fräulein, ob sie gehen muss!
Fragen Sie den Herrn, ob er helfen soll!
Fragen Sie die Frauen, ob sie das Abendessen machen können!

Grammatik

The following are the German modal auxiliary verbs:

dürfen	to be allowed to, may
müssen	to have to, must
können	to be able to, can
wollen	to want to
sollen	to be supposed to, ought

Note that the first and third person singular forms have no ending and that the umlaut of *dürfen, müssen*, and *können* is dropped in all singular forms. All verbs except *sollen* change their stem vowels.

Der Hafen, Hamburg

dürfen	*können*	*müssen*
ich darf	ich kann	ich muss
du darfst	du kannst	du musst
er darf	er kann	er muss
wir dürfen	wir können	wir müssen
ihr dürft	ihr könnt	ihr müsst
sie dürfen	sie können	sie müssen

wollen	*sollen*
ich will	ich soll
du willst	du sollst
er will	er soll
wir wollen	wir sollen
ihr wollt	ihr sollt
sie wollen	sie sollen

Note that the infinitive is used with the modal auxiliary verbs. The infinitive always appears at the very end of the sentence.

> Frank muss seine Hausarbeiten machen.
> Wir wollen unserem Freund ein Geschenk kaufen.

In a negative sentence with a modal auxiliary and an infinitive, *nicht* usually precedes the infinitive.

> Peter darf nicht helfen.
> Wir können nicht kommen.

Zusammenfassung

Folgen Sie dem Beispiel, bitte!

> Wir dürfen kommen. Und du? →
> Ich darf auch kommen.

Axel will schwimmen. Und ihr?
Karin muss einen Pullover kaufen. Und Dieter?
Gabriele soll nach Frankfurt fliegen. Und wir?
Ute darf ein Eis bestellen. Und du?
Ich will eine Cola trinken. Und Peter?
Sie können ein Hotel suchen. Und er?
Wir wollen einen Volkswagen mieten. Und du?

Binnenalster, Hamburg

Das Verb *möchten*

Dritte Person

A.   Wiederholen Sie, bitte!

Klaus möchte jetzt essen.
Dieter möchte Milch trinken.
Klaus und Dieter möchten jetzt essen.
Sie möchten Milch trinken.

B.   Ersetzen Sie, bitte!

Erika möchte | ein Eis / eine Cola / Limonade | bestellen.

Marlene und Inge möchten nach | Berlin / Hamburg / Bremen | fahren.

C.   Beantworten Sie die Fragen, bitte!

Möchte Inge nach Frankfurt fliegen?
Wohin möchte sie fliegen?
Möchte Karin ins Kino gehen?
Wohin möchte sie gehen?

Möchten Peter und Dieter jetzt Eis essen?
Was möchten die Jungen jetzt essen?
Möchten Hans und Thomas ein Auto haben?
Was möchten sie haben?

Erste Person

A.   Wiederholen Sie, bitte!

Ich möchte Englisch lernen.
Ich möchte meine Tante besuchen.

Wir möchten jetzt gehen.
Wir möchten Platten kaufen.

B.   Ersetzen Sie, bitte!

Ich möchte | den Pullover / die Hose / das Hemd | haben.

Wir möchten | Opa / Oma / Tante Anna | besuchen.

Reesendamm, Hamburg

C. *Beantworten Sie die Fragen, bitte!*

Möchtest du Deutsch sprechen?
Was möchtest du lernen?
Möchtest du nach Deutschland fliegen?
Wohin möchtest du fliegen?

Möchtet ihr einen Volkswagen haben?
Möchtet ihr die John Lennon Platte kaufen?
Möchtet ihr Ferien haben?
Was möchtet ihr machen?

Möchten Sie Spanisch lernen?
Möchten Sie jetzt Rad fahren?
Möchten Sie in München wohnen?
Möchten Sie ein Auto mieten?

Zweite Person und Höflichkeitsform

A. *Wiederholen Sie, bitte!*

Möchtest du kommen?
Möchten Sie etwas bestellen, mein Herr?
Möchtet ihr gehen?

B. *Ersetzen Sie, bitte!*

Wann | möchtest du / möchten Sie / möchtet ihr | kommen?

C. *Folgen Sie den Answeisungen, bitte!*

Fragen Sie Erika, was sie jetzt essen möchte!
Fragen Sie Gerd, was er sagen möchte!

Fragen Sie den Herrn, wohin er fahren möchte!
Fragen Sie die Frau, wohin sie gehen möchte!

Fragen Sie die Mädchen, was sie jetzt trinken
möchten!
Fragen Sie die Jungen, ob sie das Auto haben
möchten!

Fragen Sie die Herren, ob sie Englisch sprechen
möchten!
Fragen Sie die Damen, ob sie jetzt bestellen
möchten!

Grammatik

Möchten also functions as a modal auxiliary.

Möchten means "would like."   Study the following forms:

ich möchte	wir möchten
du möchtest	ihr möchtet
er, sie, es möchte	sie, Sie möchten

Zusammenfassung

Folgen Sie dem Beispiel, bitte!

Ich möchte Deutsch lernen. Und er? →
Er möchte lieber Französisch lernen.

Karin möchte Klavier spielen. Und du?
Wir möchten nach London fliegen. Und ihr?
Die Mädchen möchten einen Mercedes haben. Und die Jungen?
Ich möchte jetzt schlafen. Und ihr?
Er möchte ein Eis essen. Und sie?

Das Perfekt

Schwache Verben mit untrennbaren Präfixen

bestellen, verkaufen, besuchen

A. *Wiederholen Sie, bitte!*

Sie hat den Kuchen bestellt.
Sie haben Peter besucht.

B. *Ersetzen Sie, bitte!*

Ich habe
| das Auto bestellt. |
| den Volkswagen verkauft. |
| Erika besucht. |

Wir haben
| den Kuchen bestellt. |
| den Fussball verkauft. |
| das Gymnasium besucht. |

Hast du
| den Mantel bestellt? |
| das Auto verkauft? |
| Tante Anna besucht? |

Was habt ihr
| bestellt? |
| verkauft? |
| besucht? |

C. *Beantworten Sie die Fragen, bitte!*

Hat der Mann das Auto bestellt?
Hat Uwe die Theaterkarte verkauft?
Hat Dieter den Freund besucht?

Haben die Jungen den Fussball bestellt?
Haben sie die Sachen verkauft?
Haben die Mädchen Peter besucht?

Hast du das Kleid bestellt?
Hast du die Karte verkauft?
Hast du Onkel Karl besucht?

Habt ihr die Limonade bestellt?
Habt ihr das Haus verkauft?
Habt ihr München besucht?

Haben Sie den Pass bestellt?
Haben Sie den Volkswagen verkauft?
Haben Sie Deutschland besucht?

247

Fragen Sie Dieter, ob er das Auto bestellt hat!
Fragen Sie die Herren, ob sie das Haus verkauft
haben!

Fragen Sie Fräulein Meyer, ob sie das Schloss
besucht hat!

Grammatik

The weak verbs *bestellen*, *verkaufen*, and *besuchen* have inseparable
prefixes (*be-*, *ver-*). The past participles of verbs with inseparable
prefixes do not have the additional prefix *ge-*. The past participle is
the same as the third person singular of the present tense.

Ich habe ein Eis bestellt.
Wir haben unser Haus verkauft.
Sie haben ihre Familie besucht.

Das Rathaus, Hamburg

248

Gespräch

Ein Fremder in Hamburg

Fremder	Hamburg ist sehr schön, nicht wahr?
Paul	Ja, wir haben unsere Stadt gern.
Hans	Haben Sie das Zentrum gesehen?
Fremder	Nein, aber ich habe den Hafen besucht.
Paul	Sie sollen ins Zentrum gehen!
Hans	Sie können auch eine Stadtrundfahrt machen.

Fragen

1. Glaubt der Fremde, dass Hamburg schön ist?
2. Haben Hans und Paul ihre Stadt gern?
3. Hat der Fremde das Zentrum gesehen?
4. Was hat er besucht?
5. Wohin soll er gehen?
6. Was kann er machen?

Aussprache

-r

der	mir	für
wer	dir	durch
	ihr	Durst
	Bier	Uhr
		dürfen

-ng

Junge
eng
singen

Eine Brücke, Hamburg

Lesestück

gut aussehen   *to be good looking*

als   *as a*

er übt   *he practices*

die Welt   *world*

Fremdenführer

    Carsten Meyer ist achtzehn. Es ist Juli, und er hat keine Schule mehr. Im Oktober will er an der Universität Tübingen studieren. Aber jetzt sind Ferien. Carsten möchte natürlich etwas Geld haben. Weil er gut aussieht und intelligent ist, findet er leicht einen Job als Fremdenführer. Er soll den Fremden Schleswig-Holstein und auch die Stadt Hamburg zeigen. Carsten ist glücklich, dass er den Job hat. Aber er muss viel lernen. Er übt: „Meine Damen und Herren, Sie sind in Norddeutschland. Wir wollen die Inseln und Städte an der Nordsee besuchen: Amrum, Borkum und St. Peter."

    Carsten soll alles auf deutsch und auf englisch sagen.

    Er muss die Fremden auch nach Hamburg bringen. Mit dem Bus machen sie eine Stadtrundfahrt. Hamburg ist interessant, denn in einer Hafenstadt ist immer etwas los. Die Touristen wollen natürlich den Hafen besuchen. Im Hafen liegen gewöhnlich Schiffe aus aller Welt. Überall sieht man Matrosen.

    Die Fremden wollen auch den Hagenbeck-Zoo und den Planten un Blomen Park besuchen. Im Hamburger Zoo sind die Tiere nicht in Käfigen.

er weiss   *he knows*
Binnenalster   *the Inner*
    Alster (lake in Hamburg)
Aussenalster   *the Outer*
    Alster (lake in Hamburg)

der Nachtklub   *nightclub*
einmal   *once*

Im Zentrum muss Carsten Restaurants und Cafés finden. Er weiss, an der Binnenalster gibt es viele Cafés. Hamburg ist wirklich schön, finden die Fremden. Die Stadt hat zwei Seen, die Binnenalster und die Aussenalster. Sie sind direkt in Hamburg. Die Hamburger können da rudern, segeln und fischen.

In einem Stadtteil von Hamburg liegt St. Pauli. Die Hauptstrasse ist die Reeperbahn, eine Strasse wie New Yorks Broadway. Da gibt es Nachtklubs, Restaurants und Bierstuben. Der Nachtklub „Top Ten" ist besonders berühmt, denn da haben einmal die Beatles gespielt. Carsten will seiner Gruppe St. Pauli bei Nacht zeigen. Die Touristen finden es bestimmt interessant.

Im Hafen liegen Schiffe aus aller Welt

Die Reeperbahn bei Nacht, Hamburg

Fragen

1. Wie alt ist Carsten Meyer?
2. Hat er Schule?
3. Wo will er im Oktober studieren?
4. Was möchte Carsten haben?
5. Was für einen Job hat er?
6. Welche Inseln an der Nordsee soll er besuchen?
7. Welche Sprachen soll er sprechen?
8. Was machen Carsten und seine Fremden in Hamburg?
9. Warum ist Hamburg interessant?
10. Wo ist immer viel los?
11. Wo liegen viele Schiffe?
12. Was sieht man überall?
13. Sind die Tiere im Hamburger Zoo in Käfigen?
14. Wo sind viele Cafés?
15. Warum ist Hamburg schön?
16. Wo sind die Binnenalster und die Aussenalster?
17. Was dürfen die Hamburger da machen?
18. Wie heisst ein Stadtteil von Hamburg?
19. Was gibt es da?
20. Welcher Nachtklub ist berühmt?

Übungen zum Schreiben

A *Form sentences from the following.*

1. Fremden / möchten / Stadt / sehen
2. Hamburger / sein / sehr / beschäftigt
3. Matrosen / sein / Hafen
4. Touristen / wollen / Stadtrundfahrt / machen
5. Zoo / haben / viele / Tiere

B *Complete the following with the appropriate definite article.*

1. _____ Hafen ist nicht im Zentrum.
2. _____ Stadtrundfahrt beginnt um zwei Uhr.
3. _____ Fremdenführer ist sehr freundlich.
4. _____ Schiff ist modern.
5. _____ Matrose ist Engländer.
6. _____ Zoo ist sehr interessant.
7. _____ Tier ist klein.
8. _____ Käfig ist im Zoo.

C *Rewrite the following in the plural.*

1. Der Hafen ist nicht schön.
2. Der Matrose sieht das Schiff.
3. Das Schiff ist modern.
4. Das Tier ist im Käfig.

D *Complete the following with the appropriate form of the indicated verb.*

1. Ich _____ morgen kommen. *können*
2. Wir _____ die Stadt sehen. *wollen*
3. _____ du Hausarbeiten machen? *müssen*
4. _____ die Jungen Englisch lernen? *sollen*
5. Ich _____ das Buch lesen. *wollen*
6. Ihr _____ im See schwimmen. *dürfen*
7. Er _____ ·morgen kommen. *sollen*
8. Meine Brüder _____ an der Universität studieren. *wollen*
9. _____ Sie die Stadtrundfahrt machen? *können*
10. Der Fremde _____ den Hafen besuchen. *wollen*

E *Rewrite the following in the singular.*

1. Wir sollen die Stadt sehen.
2. Die Freundinnen können an die Nordsee fahren.

Sankt Nikolaus Kirche,
Hamburg

3. Er will einen Job haben.
4. Wir sollen den Zoo besuchen.
5. Sie wollen ein Haus bauen.
6. Wir müssen Hausarbeiten machen.

F   *Form sentences from the following.*

1. Wir / wollen / unser / Freund / ein / Geschenk / kaufen
2. Ich / müssen / mein / Tante / Stadt / zeigen
3. Er / sollen / in / Schule / Englisch / lernen
4. Du / dürfen / in / Restaurant / essen
5. Freunde / wollen / Montag / zu / Hafen / gehen

G   *Complete the following with the appropriate form of* möchten.

1. Wir _____ unsere Familie besuchen.
2. Mein Vater _____ die Zeitung lesen.
3. Ich _____ meiner Freundin einen Brief schreiben.
4. _____ du in die Bergen gehen?
5. Ich _____ Schi laufen.
6. _____ ihr mit dem Bus fahren?
7. Wir _____ eine Cola haben.
8. Die Jungen _____ Fussball spielen.

H   *Rewrite the following in the present perfect.*

1. Ich bestelle ein Eis.
2. Karl verkauft ein Auto.
3. Wir besuchen unsere Grossmutter.
4. Ich verkaufe Tannenbäume.
5. Die Jungen besuchen das Goethe-Gymnasium.
6. Was bestellst du?

I   *Answer the following in paragraph form.*

Möchtest du Deutschland sehen?
Fährst du lieber mit dem Zug?
Willst du Hamburg besuchen?
Möchtest du den Hafen sehen?
Kannst du eine Stadtrundfahrt machen?
Wie ist Hamburg?
Wie sind die Gebäude?
Was hat die Stadt?

Mündliche Zusammenfassung

Aufgabe 13

Vokabeln

1   Der Fernsehapparat ist kaputt.
Die Tante muss ein Märchen erzählen.

2   Das ist der Wald.
Der Jäger ist im Wald.
Das Mädchen hat einen Korb.
Im Korb ist Obst.
Das Mädchen hat einen Korb, weil sie der Grossmutter Obst
bringen will.

1

2

Übungen

A Beantworten Sie die Fragen, bitte!
1. Was ist kaputt?
2. Was muss die Tante erzählen?
3. Warum muss die Tante ein Märchen erzählen?
4. Wo ist der Jäger?
5. Was hat das Mädchen?
6. Was ist im Korb?
7. Warum hat das Mädchen einen Korb?

B Ergänzen Sie, bitte!
1. Der Fernsehapparat ist _____.
2. Die Tante erzählt ein _____.
3. Die Tante muss ein Märchen _____.
4. Im Wald ist der _____.
5. Das Mädchen hat einen _____.
6. Im Korb ist _____.

Frau mit Kinderwagen, Heidelberg

Nomen

A. *Ersetzen Sie, bitte!*

Wo ist
| der Fernsehapparat? |
| der Wald? |
| der Jäger? |
| der Korb? |
| das Obst? |

B. *Beantworten Sie die Fragen, bitte!*

Ist der Fernsehapparat kaputt?
Ist der Wald in Deutschland?

Ist der Jäger im Wald?
Ist der Korb voll?
Ist das Märchen interessant?
Ist das Obst gut?

C. *Beantworten Sie die Fragen, bitte!*

Sind die Fernsehapparate hier?
Sind die Wälder gross?
Sind die Jäger im Wald?
Sind die Körbe leer?
Sind die Märchen interessant?

Grammatik

The nouns presented in this lesson are:

Singular	*Plural*		*Singular*	*Plural*
der Fernsehapparat	die Fernsehapparate		das Märchen	die Märchen
der Wald	die Wälder		das Obst	
der Jäger	die Jäger			
der Korb	die Körbe			

Struktur

Wortfolge mit *dass, weil*

Mit modalen Hilfsverben

A. *Wiederholen Sie, bitte!*

Ich glaube, dass Sigrid kommen kann.
Ich glaube, dass Jörg nicht schlafen will.

Ich glaube, dass ich kommen darf.
Ich glaube, dass ich jetzt gehen muss.

B. *Ersetzen Sie, bitte!*

Glaubst du, dass Peter
| kommen |
| lernen | will?
| essen |

Wir glauben,
dass Erika nicht
| gehen |
| bleiben | kann.
| sprechen |

C. *Beantworten Sie die Fragen, bitte!*

Glaubst du, dass Dieter Deutsch lernen will?
Glaubst du, dass Achim Deutsch sprechen kann?
Glaubst du, dass Herr Schmitt in München wohnen will?
Glaubst du, dass die Kinder Steine finden können?
Glaubst du, dass Hans Hausarbeiten machen muss?
Glaubst du, dass wir unserem Bruder ein Geschenk schicken sollen?
Glaubst du, dass wir nach London fliegen können?
Glaubst du, dass wir in Hamburg ein Haus bauen dürfen?

Die Frau hat einen Korb,
Tübingen

Glaubst du, dass dein Bruder Fussball spielen will?

Glaubst du, dass Ingrid ihrer Mutter einen Brief schreiben muss?

Glaubst du, dass wir nach Garmisch fahren können?

Glaubt ihr, dass Dieter und Achim Deutsch sprechen können?

Glauben Sie, dass Susanne nach Deutschland fliegen darf?

Glauben Sie, dass Susanne und Gerda Deutschland besuchen dürfen?

D.   Wiederholen Sie, bitte!

Wir lernen Deutsch, weil wir in Deutschland studieren möchten.

262

Wir gehen ins Kino. weil wir einen Film sehen
wollen.
Wir besuchen Paris, weil wir den Eiffelturm sehen
wollen.

E. Ersetzen Sie, bitte!

| Wir lernen Deutsch, weil wir es | sprechen lesen schreiben | wollen. |

| Sie gehen jetzt ins Café, weil sie ein Eis | essen bestellen kaufen | dürfen. |

F. Beantworten Sie die Fragen, bitte!

Fährst du nach England, weil du Englisch sprechen kannst?

Gehst du ins Kino, weil du einen Film sehen willst?

Arbeitest du, weil du Geld haben möchtest?

Gehst du einkaufen, weil du eine Bluse kaufen
willst?

Gehst du zum Strand, weil du schwimmen kannst?

Kauft ihr die Platte, weil ihr Musik hören wollt?

Fliegen Sie nach München, weil Sie die Olympiade sehen möchten?

Fahren Sie nach Spanien, weil Sie Spanisch lernen
wollen?

Grammatik

You have already learned that *weil* and *dass* take transposed word order.

> Ich glaube, dass du hübsch *bist*.
> Ich gehe ins Kino, weil ich Geld *habe*.

If in the *dass* and *weil* clause there is an infinitive *and* a modal auxiliary, the modal appears at the very end of the clause.

> Ich glaube, dass ich kommen *kann*.
> Ich gehe ins Kino, weil ich einen Film sehen *will*.

In a negative sentence, the word *nicht* precedes the infinitive.

> Wir glauben, dass Hans nicht kommen kann.

Zusammenfassung

Folgen Sie dem Beispiel, bitte!

> Ich glaube, dass ich komme. →
> Ich glaube, dass ich kommen darf.

Er glaubt, dass er ins Kino geht.
Wir glauben, dass wir gehen.
Glauben Sie, dass wir jetzt essen?
Erika glaubt, dass sie nach London fliegt.
Glaubst du, dass du Hamburg besuchst?

Das Verb *wissen*

Singular

A. *Ersetzen Sie, bitte!*

Ich weiss, wo | Hamburg / München / Hannover / Heidelberg | ist.

Erika weiss, dass du | hübsch / nett / intelligent | bist.

Weisst du, wo | Karl / Ingrid / Erika | ist?

B. *Beantworten Sie die Fragen, bitte!*

Weiss Angelika, wo Frankfurt ist?
Weiss Karl, dass Erika hübsch ist?
Weiss das Kind, was das ist?
Weiss Karin, wie der Lehrer heisst?
Weiss Herr Schröder, dass wir am Strand entlang gehen?
Weiss sein Freund, dass wir nach London fliegen?

Weisst du, wo Ingrid ist?
Weisst du, wohin du im Sommer fährst?
Weisst du, wohin du im Winter gehst?
Weisst du, warum du Deutsch lernst?

C. *Folgen Sie den Anweisungen, bitte!*

Fragen Sie Peter, ob er weiss, wieviel Uhr es ist!
Fragen Sie Erika, ob sie weiss, wo Hamburg ist!
Fragen Sie Hans, ob er weiss, wieviel die Karte kostet!

Plural

A. *Ersetzen Sie, bitte!*

Wir wissen, wo | der Rhein / die Elbe / der Neckar | ist.

Die Jungen wissen, was sie | machen / lernen / schreiben / studieren | müssen

Wisst ihr, wer | nett / intelligent / freundlich | ist?

B. *Beantworten Sie die Fragen, bitte!*

Wissen die Jungen, wieviel ein Auto kostet?
Wissen Hans und Karl, wo der Schalter ist?
Wissen sie, wann der Zug kommt?
Wissen sie, dass *Brenninkmeyer* einen Ausverkauf hat?

Wissen Sie, wo Hans wohnt?
Wissen Sie, wo das Haus ist?
Wissen Sie, wo das Kino ist?

Wisst ihr, dass Spikeroog schön ist?
Wisst ihr, dass mein Freund morgen kommt?

C. *Folgen Sie den Anweisungen, bitte!*

Fragen Sie Ingrid und Erika, ob sie wissen, wo Schwabing ist!
Fragen Sie die Herren, ob sie wissen, wieviel Uhr es ist!

Grammatik

The verb *wissen* means "to know" in the sense of knowing a fact. The verb *wissen* is irregular in the singular. The stem changes from *i* to *ei*. Study the following forms.

ich weiss wir wissen
du weisst ihr wisst
er, sie, es weiss sie, Sie wissen

Note that *wissen* is usually followed by a clause that begins with a word such as *wer, was, warum, wo, wohin, dass.* These words require transposed word order.

Ich weiss, dass Peter kommt.
Weisst du, wohin du im Sommer gehst?
Wir wissen, dass Erika viele Sprachen spricht.

Zusammenfassung

Folgen Sie dem Beispiel, bitte!

Ich weiss, warum er kommt. Und er? →
Er weiss es auch.

Wir wissen, was du willst. Und du?
Der Lehrer weiss, wo die Bücher sind. Und er?
Jutta weiss, wo Klaus ist. Und ihr?
Peter weiss, dass er krank ist. Und seine Mutter?
Die Jungen wissen, dass ein Mercedes teuer ist. Und du?
Ich weiss, wo der Eiffelturm ist. Und Sie?
Erika und Petra wissen, wo sie studieren. Und ihr?

Das Verb *kennen*

A. *Wiederholen Sie, bitte!*

Ich kenne Georg.
Kennst du den Lehrer?
Er kennt den Film.
Wir kennen Helga.
Kennt ihr das Mädchen?
Kennen Sie Deutschland?

B. *Ersetzen Sie, bitte!*

Ich kenne | Berlin.
| Köln.
| München.

Wir kennen | Inge
| Petra | gut.
| Erika

Kennst du | den Film?
| die Platte?
| das Märchen?

Kennt ihr den | Garten?
| Park?
| Zoo?

C. *Beantworten Sie die Fragen, bitte!*

Kennst du Inge?
Kennst du sie gut?
Kennst du sie schon lange?

Kennt Erika Uwe?
Kennt Erika deinen Freund?
Kennt Erika deinen Bruder?

Kennen Inge und Erika das Märchen „Rotkäpp-
chen"?
Kennen sie den Roman?
Kennen sie den Tierpark in Hamburg?

Kennen Sie Berlin?
Kennen Sie Paris?
Kennen Sie London?

Kennt ihr die Insel Sylt?
Kennt ihr den Rhein?
Kennt ihr Beethovens Fünfte?

D. Folgen Sie den Anweisungen, bitte!

Fragen Sie Peter, ob er Gabi kennt!
Fragen Sie Jutta, ob sie die Stadt New York kennt!
Fragen Sie die Lehrerin, ob sie St. Pauli kennt!
Fragen Sie Dieter und Fred, ob sie die Hauptstadt
kennen!
Fragen Sie die Mädchen, ob sie die Jungen ken-
nen!
Fragen Sie Marlene und Hanna, ob sie Beethovens
Dritte kennen!

Grammatik

The verb *kennen* means "to know" in the sense of being familiar with
or acquainted with a person, place, or thing. It functions as a regular
verb in the present tense.

ich kenne	wir kennen
du kennst	ihr kennt
er, sie, es kennt	sie, Sie kennen

Ich kenne Hans.
Wir kennen die Stadt.
Ingrid kennt den Roman.

Zusammenfassung

A. Folgen Sie dem Beispiel, bitte!

Kennst du Hans? →
Ja, ich kenne ihn.

Kennst du Ruth?
Kennst du den Jungen?
Kennt ihr Hans?
Kennt ihr die Stadt?
Kennt Erika den Roman?
Kennt Hans die Musik?
Kennen die Jungen unsere Freunde?
Kennen die Lehrer die Literatur?

Wo wohnt Hans? →
Ja, ich weiss, wo Hans wohnt.

Karl? →
Ja, ich kenne Karl.

Die Hauptstadt?	Den Roman?
Bayern?	Deine Freundin?
Wieviel kostet ein Auto?	Hamburg?
Wo ist das Buch?	Dass Karl intelligent ist?

Personalpronomen im Akkusativ

mich, dich

A.   *Wiederholen Sie, bitte!*

Der Junge kennt mich.
Meine Freundin besucht mich.
Er sucht mich.

B.   *Beantworten Sie die Fragen, bitte!*

Kennt dich Peter?
Hört er dich?

Sieht er dich?
Besucht dich Erika morgen?
Sucht dich dein Lehrer?
Fährt dich dein Vater zur Schule?
Schicken dich deine Eltern nach Sylt?
Nehmen dich deine Eltern nach Bayern?
Trifft dich dein Freund nach der Schule?

C.   *Wiederholen Sie, bitte!*

Karl, kennt dich Karin?
Karl, besucht sie dich?

Obst, Zell

Johanna,
| kennt |
| sieht |
| sucht | dich Arthur?
| trifft |
| besucht |

E. *Folgen Sie den Anweisungen, bitte!*

Fragen Sie Helene, ob Peter sie kennt!
Fragen Sie Peter, ob Helene ihn kennt!
Fragen Sie Jürgen, ob Klaus ihn sucht!
Fragen Sie Anneliese, ob Hans sie trifft!
Fragen Sie Günther, ob Dieter ihn besucht!

uns, euch

A. *Wiederholen Sie, bitte!*

Er kennt uns.
Sie sieht uns.
Unsere Mutter sucht uns.

B. *Beantworten Sie die Fragen, bitte!*

Kennt euch der Lehrer?
Hört euch der Lehrer?
Sieht euch der Lehrer?
Sucht euch Peter?
Besucht euch eure Tante?
Besucht euch Günther nach der Schule?
Fährt euch eure Mutter zum Museum?
Schicken euch eure Eltern nach Deutschland?
Nehmen euch eure Eltern nach Garmisch?

C. *Wiederholen Sie, bitte!*

Andreas und Helga, kennt euch Peter?
Uwe und Allan, kennt euch Frank?

D. *Ersetzen Sie, bitte!*

Hanna und Arthur,
| besucht |
| trifft |
| sucht | euch Sonja?
| sieht |
| kennt |

E. *Folgen Sie den Anweisungen, bitte!*

Fragen Sie Peter und Bernd, ob Erika sie kennt!
Fragen Sie Johann und Toni, ob Allan sie kennt!
Fragen Sie Gerda und Petra, ob Herr Meyer sie sucht!
Fragen Sie Gabi und Hans, ob Sonja sie besucht!

sie, Sie

A. *Wiederholen Sie, bitte!*

Ich kenne Johann und Karl.
Ich kenne sie.
Ich besuche Gerda und Anita.
Ich besuche sie.

B. *Folgen Sie dem Beispiel, bitte!*

Er sucht Sonja und Arthur. →
Er sucht sie.

Ich besuche Monika und Anni.
Wir mögen Anton und Bernd nicht.
Er kennt Erika und Wolfgang.
Wir treffen Marlene und Gabi.
Sie besucht Johannes und Christian.

C. *Wiederholen Sie, bitte!*

Frl. Meyer, kennen wir Sie?
Herr Braun, besuchen wir Sie?
Frau Schumann und Frl. Meyer, kennen wir Sie?

D. *Ersetzen Sie, bitte!*

Fräulein Walter, wir
| sehen |
| besuchen |
| hören | Sie.
| suchen |
| kennen |
| brauchen |

E. *Folgen Sie den Anweisungen, bitte!*

Fragen Sie Herrn Schröder, ob Karl ihn kennt!
Fragen Sie Frau Bayer, ob Ingrid sie hört!
Fragen Sie die Herren, ob die Kinder sie kennen!
Fragen Sie die Fräulein, ob die Jungen sie kennen!

Grammatik

You have already learned the accusative (object) pronouns *ihn, sie,* and *es.* Note that these pronouns can refer either to persons or to things.

Ich brauche den Schlips.	Ich kenne Robert.
Ich brauche ihn.	Ich kenne ihn.
Ich suche die Bluse.	Ich suche Erika.
Ich suche sie.	Ich suche sie.
Wir lesen das Buch.	Wir sehen das Kind.
Wir lesen es.	Wir sehen es.

The plural of *ihn, sie,* and *es* is *sie.*

Ich decke die Tische.	Ich decke sie.
Ich sehe die Tanten.	Ich sehe sie.
Sie bauen die Häuser.	Sie bauen sie.

The other accusative pronouns are *mich, dich, uns,* and *euch.*

nominative	*accusative*
ich	mich
du	dich
wir	uns
ihr	euch

Ich kenne dich und du kennst mich.
Wir kennen euch und ihr kennt uns.

Zusammenfassung

Folgen Sie den Beispielen, bitte!

> Mich? →
> Ja, er sieht dich.

> Den Roman? →
> Ja, er sieht ihn.

Die Bluse?	Das Buch?
Das Haus?	Die Blumen?
Uns?	Dich?
Euch?	Karl und Hans?
Die Kinder?	Ingrid und seine Freundin?
Mich?	

Das Perfekt

sprechen, treffen, helfen, nehmen

A.   Wiederholen Sie, bitte!

Ich habe mit Gisela gesprochen.
Dieter hat Peter getroffen.
Wir haben nicht geholfen.
Sie haben nichts genommen.

B.   Beantworten Sie die Fragen, bitte!

Hat Stefan gut gesprochen?
Hat Barbara Onkel Karl getroffen?
Hat er der Tante geholfen?
Hat sie das Buch genommen?

Haben die Mädchen mit Georg gesprochen?
Haben sie Rolf getroffen?
Haben die Jungen der Mutter geholfen?
Haben sie das Auto genommen?

Hast du Deutsch gesprochen?
Hast du Mutter getroffen?
Hast du geholfen?
Hast du die fünf Mark genommen?

Habt ihr zu schnell gesprochen?
Habt ihr Gerda getroffen?
Habt ihr der Frau geholfen?
Habt ihr das Eis genommen?

Haben Sie Englisch gesprochen?
Haben Sie die Mädchen getroffen?
Haben Sie Frau Meyer geholfen?
Haben Sie das Flugzeug genommen?

C.   Folgen Sie den Anweisungen, bitte!

Fragen Sie Hans-Dieter, ob er gut Deutsch gesprochen hat!
Fragen Sie Volker und Gudrun, ob sie Rolf getroffen haben!
Fragen Sie Fräulein Peters, ob sie geholfen hat!
Fragen Sie die Herren, was sie genommen haben!

singen, trinken, finden

A.   Wiederholen Sie, bitte!

Ich habe gesungen.
Er hat Wein getrunken.
Sie haben nichts gefunden.

B.   Beantworten Sie die Fragen, bitte!

Hat das Mädchen gut gesungen?
Hat Karin Kaffee getrunken?
Hat Peter das Kino gefunden?

Haben die Jungen gesungen?
Haben sie Bier getrunken?
Haben Arno und Rainer das Haus gefunden?

Hast du auch gesungen?
Hast du viel getrunken?
Hast du Karin gefunden?

Habt ihr nicht gesungen?
Habt ihr Kaffee getrunken?
Habt ihr die Strasse gefunden?

Haben Sie gut gesungen?
Haben Sie Limonade getrunken?
Haben Sie die Schule gefunden?

C.   Folgen Sie den Anweisungen, bitte!

Fragen Sie Gudrun, was sie getrunken hat!
Fragen Sie Klaus und Jörg, wo sie gesungen haben!
Fragen Sie das Fräulein, was sie gefunden hat!

wiegen, schreiben, essen

A.   Wiederholen Sie, bitte!

Er hat das Gepäck gewogen.
Wir haben eine Karte geschrieben.
Sie haben viel gegessen.

B.   Beantworten Sie die Fragen, bitte!

Hat das Mädchen das Gepäck gewogen?
Hat sie einen Brief geschrieben?
Hat Ursula die Torte gegessen?

Haben sie das Paket gewogen?
Haben Onkel Otto und Tante Klara geschrieben?
Haben die Jungen den Kuchen gegessen?

Hast du dich gewogen?
Hast du geschrieben?
Hast du Käse gegessen?

Habt ihr das Gepäck gewogen?
Habt ihr Peter geschrieben?
Habt ihr viel gegessen?

Haben Sie den Kuchen gewogen?
Haben Sie viel geschrieben?
Haben Sie alles gegessen?

C. Folgen Sie den Anweisungen, bitte!

Fragen Sie Andreas und Elke, ob sie geschrieben haben!
Fragen Sie die Stewardess, ob sie das Gepäck gewogen hat!
Fragen Sie die Herren, was sie gegessen haben!

Grammatik

Study the following past participles.

sprechen	gesprochen
treffen	getroffen
helfen	geholfen
nehmen	genommen
singen	gesungen
trinken	getrunken
finden	gefunden
wiegen	gewogen
schreiben	geschrieben
essen	gegessen

Zusammenfassung

Folgen Sie dem Beispiel, bitte!

Mit der Stewardess sprechen? →
Natürlich haben wir mit der Stewardess gesprochen.

Ein Mädchen treffen?
Viel singen?
Deutsch sprechen?
Das Theater finden?
Einen Brief schreiben?
Ein Stück Torte essen?
Bier trinken?
Geld nehmen?
Das Gepäck wiegen?

271

Gespräch

Kennst du Dieter?

Ingrid Gerda, kennst du Dieter Schulz?

Gerda Nein, ich kenne ihn nicht. Warum fragst du mich?

Ingrid Weil er heute abend mit meinem Freund kommen will.

Gerda Na und?

Ingrid Wir möchten ins Kino gehen, und du kannst mit Dieter gehen.

Gerda Ich kann nicht, weil ich Babysitter sein muss.

Ingrid Schade. Dieter ist sehr nett und interessant. Ich weiss, dass du ihn kennenlernen möchtest.

Fragen

1. Kennt Gerda Dieter?
2. Warum fragt Gerda?
3. Wohin möchten sie gehen?
4. Mit wem kann Gerda gehen?
5. Kann sie gehen?
6. Warum kann sie nicht?
7. Wie ist Dieter?

Lesestück

Rotkäppchen

wichtig *important*
das Dorf *village*
die *that*
schaffen *create*
manche *some*
ursprünglich *originally*

verdienen *earn*

krank *sick*

Die Brüder Jakob und Wilhelm Grimm sind berühmt in Deutschland. Sie sind wichtig für die deutsche Sprache und Literatur. Die zwei Brüder besuchen viele Dörfer. In diesen Dörfern hören sie viele Märchen, die sie in einem Buch *Kinder-und Hausmärchen* sammeln. Die Brüder Grimm schaffen aus dem Märchen einen Typus, eine literarische Form. Manche Märchen sind ursprünglich französisch, zum Beispiel: „Rotkäppchen", „Dornröschen", „Aschenbrödel". Alle Kinder in Deutschland lesen und kennen Grimms Märchen. Die Märchen sind einfach, aber interessant und universal. Deutsche, Amerikaner, Spanier usw. kennen „Rotkäppchen". Sie haben das Märchen in Büchern gelesen und im Kino oder im Fernsehen gesehen.

Gerda möchte etwas Geld verdienen. Deshalb ist sie heute bei Manfred Babysitter, weil seine Eltern ins Theater gehen wollen. Der Fernsehapparat ist kaputt, und Manfred möchte ein Märchen hören. Gerda erzählt dem Kind das Märchen „Rotkäppchen".

„Es war einmal . . ." beginnt sie. Rotkäppchens Grossmutter ist krank. Die Mutter sagt, dass Rotkäppchen der Grossmutter einen Korb

unterwegs	*on the way*
öffnet	*opens*
das Ohr	*ear*
das Auge	*eye*
riechen	*smell*
der Mund	*mouth*

mit Wein, Kuchen und Obst bringen soll.   Grossmutter wohnt im Wald, sodass das Mädchen durch den Wald gehen muss.   Unterwegs trifft Rotkäppchen einen Jäger.   Der Jäger warnt sie, dass ein Wolf im Wald ist.   Rotkäppchen dankt dem Jäger.   Sie kommt zu Grossmutter.   Sie öffnet die Tür und sieht, dass Grossmutter im Bett liegt.

Rotkäppchen sagt:

—Aber Grossmutter, warum hast du so grosse Ohren?

—Damit ich dich besser hören kann!

—Aber Grossmutter, warum hast du so grosse Augen?

—Damit ich dich besser sehen kann!

—Aber Grossmutter, warum hast du so eine grosse Nase?

—Damit ich dich besser riechen kann!

—Aber Grossmutter, warum hast du so einen grossen Mund?

—Damit ich dich besser fressen kann!

Der Wolf ist nicht im Wald.   Er ist hier in Grossmutters Bett.

Eine Mutter mit ihrem Kind

1. Warum sind die Brüder Grimm berühmt in Deutschland?
2. Was machen die Brüder Grimm mit den Märchen?
3. Was schaffen sie aus dem Märchen?
4. Wie heissen drei Märchen?
5. Was lesen alle Kinder in Deutschland?
6. Wie sind die Märchen?
7. Was ist Gerda heute?
8. Warum ist sie Babysitter?
9. Was ist kaputt?
10. Was möchte Manfred hören?
11. Wer ist krank?
12. Was sagt die Mutter?
13. Wo wohnt Grossmutter?
14. Wen trifft Rotkäppchen?
15. Wer ist im Wald?
16. Was öffnet sie?
17. Wer liegt im Bett?
18. Warum hat Grossmutter so grosse Ohren?
19. Warum hat Grossmutter so grosse Augen?
20. Warum hat Grossmutter so eine grosse Nase?
21. Warum hat Grossmutter so einen grossen Mund?
22. Ist der Wolf im Wald?
23. Wo ist der Wolf?

Übungen zum Schreiben

A *Form sentences from the following.*

1. Fernsehapparat / sein / kaputt
2. Tante / müssen / ein / Märchen / erzählen
3. Korb / sein / Obst
4. Mädchen / haben / Korb
5. Wald / sein / Deutschland
6. Jäger / sein / Wald

B *Complete the following with the appropriate definite article.*

1. Wo ist _____ Fernsehapparat?
2. _____ Wald ist in Süddeutschland.
3. _____ Korb ist nicht voll.
4. _____ Obst ist gut und frisch.
5. _____ Jäger ist mein Vater.

C *Rewrite the following sentences, connecting them with* dass.

1. Ich glaube, du kannst gehen.
2. Glaubst du, ich will Hausarbeiten machen?

3. Er glaubt, er darf nicht kommen.
4. Ich glaube, er wird nach London fliegen.
5. Christa glaubt, sie will Englischlehrerin werden.
6. Ich glaube, Karl soll seiner Schwester ein Geschenk kaufen.
7. Ich glaube, wir müssen mit dem Zug nach Heidelberg fahren.
8. Wir glauben, Karl muss seiner Grossmutter Obst bringen.

D   *Combine the following pairs of sentences with* weil.

1. Ich lerne Deutsch.   Ich will in Heidelberg studieren.
2. Sigrid erzählt dem Jungen ein Märchen.   Er kann nicht schlafen.
3. Wir kaufen zwei Fahrkarten.   Wir wollen nach Garmisch gehen.
4. Wir machen schnell Hausarbeiten.   Wir möchten ins Kino gehen.
5. Die Jungen arbeiten auf dem Markt.   Sie möchten Geld haben.

E   *Complete with the appropriate form of* wissen.

1. _____ du, wo Hamburg ist?
2. Ich _____, dass es zehn Uhr ist.
3. Erika _____, wohin sie im Sommer fährt.
4. Wir _____, wie das Wetter wird.
5. Sigrid und Jörg _____, dass ein Märchen interessant ist.
6. Ihr _____ es nicht.
7. Ich _____, dass ich Geburtstag habe.
8. Das Kind _____, wo sein Fussball ist.

F   *Complete with either* wo *or* wohin.

1. Ich weiss nicht, _____ Braunschweig ist.
2. Klaus weiss, _____ er jetzt geht.
3. Wir wissen, _____ wir fliegen.
4. Weisst du, _____ Frankfurt ist?
5. Sie weiss nicht, _____ sie fährt.

G   *Complete with the appropriate form of* wissen *or* kennen.

1. _____ du Dieter?
2. Ich _____ den Rhein gut.
3. Wir _____, wann Peter kommt.
4. _____ du den Roman *Der Steppenwolf?*
5. Er _____ nicht, was er werden will.

H   *Rewrite each sentence, changing the nouns to pronouns.*

1. Ich kenne Peter.
2. Magst du Erika nicht?
3. Er sucht Christian und Wolfgang.

Der Fernsehapparat ist nicht kaputt

4. Ich höre Karin und Uwe.
5. Wir kennen Richard.
6. Ich sehe das Kind.
7. Wir treffen unseren Freund.
8. Ich kenne die Lehrerin.

I   *Answer the questions.*

1. Hörst du mich?
2. Besuchst du mich später?
3. Fragst du mich?
4. Siehst du mich?
5. Brauchst du mich?

J   *Rewrite each sentence, changing the object pronouns to the plural.*

1. Er kennt mich.
2. Wir treffen dich um zwei Uhr.
3. Sie besuchen mich.
4. Die Jungen sehen dich.
5. Wir suchen dich.
6. Er fragt mich, nicht dich.

K   *Rewrite each sentence, changing the pronouns from the familiar to the polite form.*

1. Wir suchen euch.
2. Ich warte auf dich.
3. Richard kennt dich nicht.

4. Karl hört euch.
5. Sie kennen dich.

L *Complete the following with the appropriate accusative pronoun.*
1. Die Bluse ist schön. Ich möchte _____ kaufen.
2. Besuchst du deinen Grossvater? Ja, ich besuche _____ .
3. Hören Sie mich? Ja, wir hören _____ .
4. Sucht ihr uns? Ja, wir suchen _____ .
5. Suchen Sie uns? Ja, wir suchen _____ .
6. Wann besuchst du mich? Im August besuche ich _____ .
7. Kaufst du das Buch? Ja, ich kaufe _____ .
8. Sieht die Lehrerin euch? Ja, sie sieht _____ .
9. Hast du die Blumen? Ja, ich habe _____ .
10. Sieht er dich? Ja, er sieht _____ .

M *Rewrite the following in the present perfect.*
1. Wir sprechen mit Klaus.
2. Er trifft seinen Freund.
3. Die Studenten helfen ihrer Lehrerin.
4. Ich treffe Hans.
5. Wir nehmen eine Praline.
6. Ich helfe meiner Mutter.
7. Er spricht am Telefon.
8. Ihr nehmt ein Flugzeug.

N *Rewrite the following in the present perfect.*
1. Was singst du?
2. Er findet Steine am Strand.
3. Das Kind trinkt eine Limonade.
4. Ich finde die Theaterkarte.
5. Ihr singt gut.

O *Rewrite the following in the present perfect.*
1. Ich schreibe einen Brief.
2. Wir wiegen das Gepäck.
3. Er isst viel.
4. Wiegst du das Paket?
5. Schreibt ihr eurer Mutter einen Brief?

P *Rewrite the following in the present perfect.*

Meine Freunde besuchen mich. Wir sprechen viel. Wir finden ein Café. Im Café trinken und essen wir. Eine Kapelle spielt, und Karl und Ingrid singen.

Mündliche Zusammenfassung

Aufgabe 14

1   Das ist das Schlafzimmer.
Der Wecker klingelt.
Es ist Viertel nach sieben.
Das Mädchen kleidet sich im Schlafzimmer.
Ein Stereogerät ist im Schlafzimmer.

2   Das ist das Badezimmer.
Der Junge rasiert sich im Badezimmer.
Er hat einen Bart.
Er hat einen Rasierapparat.
Peter wäscht sich.
Rolf kämmt sich.

1

2

3 Das ist die Küche.
     Die Familie isst Frühstück
       in der Küche.
     Die Eltern und Kinder
       setzen sich.

4 Das Mädchen hat viele Fächer:
     Deutsch, Mathematik usw. . . . .
     Raumlehre ist ein Fach
       in der Schule.

5 Sie unterhalten sich über Arbeit.
     Der Junge ist Lehrling
       bei einer Tankstelle.
     Das Mädchen ist Lehrling
       in einem Frisörladen.

Übungen

A   Beantworten Sie die Fragen, bitte!

1. Was klingelt?
2. Wie spät ist es?
3. Wo kleidet sich das Mädchen?
4. Wo rasiert sich der Junge?
5. Was hat er?
6. Wer wäscht sich?
7. Kämmt er sich auch?
8. Was isst die Familie?
9. Wo isst die Familie?
10. Was sind Deutsch, Mathematik usw?
11. Wo ist das Stereogerät?
12. Wo ist der Junge Lehrling?
13. Wo ist das Mädchen Lehrling?

B   Ergänzen Sie, bitte!

1. Der _____ klingelt.
2. Das Mädchen kleidet sich im _____.
3. Der Junge rasiert sich im _____.
4. Er hat einen _____.
5. Peter _____ sich.
6. Die Familie isst _____.
7. Sie essen in der _____.
8. Die Kinder _____ sich an den Tisch.
9. Deutsch und Mathematik sind _____.
10. Der Junge ist _____ bei einer Tankstelle.
11. Das Mädchen ist Lehrling in einem _____.

Die Studenten unterhalten sich, Heidelberg

Nomen

A. *Beantworten Sie die Fragen, bitte!*

Ist das Schlafzimmer gross?
Ist das Badezimmer schön?
Ist das Stereogerät im Wohnzimmer?
Ist das Fach interessant?
Ist das Frühstück gut?
Klingelt der Wecker?

Ist der Lehrling jung?
Ist der Frisörladen hier?
Ist die Tankstelle hier?

B. *Beantworten Sie die Fragen, bitte!*

Sind die Schlafzimmer schön?
Sind die Fächer interessant?
Arbeiten die Lehrlinge?
Sind die Tankstellen in der Stadt?

Grammatik

The nouns presented in this lesson are:

Singular	Plural		Singular	Plural
der Bart	die Bärte		das Schlafzimmer	die Schlafzimmer
der Rasierapparat	die Rasierapparate		das Badezimmer	die Badezimmer
der Lehrling	die Lehrlinge		das Stereogerät	die Stereogeräte
der Frisörladen	die Frisörläden		das Frühstück	die Frühstücke
der Wecker	die Wecker		das Fach	die Fächer
die Tankstelle	die Tankstellen			

Struktur

Reflexive Verben

Dritte Person

Singular

A. *Wiederholen Sie, bitte!*

Der Junge rasiert sich.
Das Mädchen kämmt sich.

B. *Ersetzen Sie, bitte!*

Brigitte | setzt / kleidet / wäscht | sich.

C. *Beantworten Sie die Fragen, bitte!*

Kämmt sich Hans?
Rasiert er sich auch?
Amüsiert sich Ingrid?
Wäscht sie sich auch?
Kleidet sich das Mädchen?

Dritte Person

Plural

A. *Wiederholen Sie, bitte!*

Die Jungen rasieren sich.
Die Damen kleiden sich.

284

B.   *Ersetzen Sie, bitte!*

Karl und Hans | amüsieren
kämmen
rasieren
waschen | sich.

C.   *Beantworten Sie die Fragen, bitte!*

Rasieren sich die Jungen oft?
Kämmen sich die Mädchen im Badezimmer?
Kleiden sich Marie und Ingrid im Schlafzimmer?
Amüsieren sich die Freunde im Café?
Treffen sich die Freundinnen nach der Schule?

Erste Person

Singular

A.   *Wiederholen Sie, bitte!*

Ich wasche mich.
Ich amüsiere mich.

B.   *Ersetzen Sie, bitte!*

Ich | kämme
amüsiere
kleide | mich.

C.   *Beantworten Sie die Fragen, bitte!*

Kämmst du dich?
Kämmst du dich oft?
Wäschst du dich?
Setzt du dich?
Kleidest du dich?
Rasierst du dich?
Amüsierst du dich?

Zweite Person

Singular

A.   *Wiederholen Sie, bitte!*

Wann rasierst du dich?
Setzt du dich?

B.   *Folgen Sie den Anweisungen, bitte!*

Fragen Sie Erika, ob sie sich kämmt!
Fragen Sie Axel, ob er sich rasiert!
Fragen Sie Hans, ob er sich amüsiert!

Erste Person

Plural

A.   *Wiederholen Sie, bitte!*

Wir amüsieren uns.
Wir waschen uns.

B.   *Ersetzen Sie, bitte!*

Wir | rasieren
amüsieren
kämmen | uns.

C.   *Beantworten Sie die Fragen, bitte!*

Rasiert ihr euch?
Amüsiert ihr euch?
Setzt ihr euch?
Wascht ihr euch?
Kämmt ihr euch?
Kleidet ihr euch?

Rasieren Sie sich?
Amüsieren Sie sich?
Setzen Sie sich?
Waschen Sie sich?
Kämmen Sie sich?
Kleiden Sie sich?

Zweite Person

Plural

A.   *Wiederholen Sie, bitte!*

Wann trefft ihr euch?
Kämmt ihr euch?

B.   Ersetzen Sie, bitte!

Kleidet
Trefft | ihr euch?
Kämmt

C.   Folgen Sie den Anweisungen, bitte!

Fragen Sie Karl und Hans, ob sie sich rasieren!
Fragen Sie Ingrid und Erika, ob sie sich kämmen!
Fragen Sie die Jungen, ob sie sich amüsieren!

Höflichkeitsform

A.   Wiederholen Sie, bitte!

Waschen Sie sich?
Kämmen Sie sich?

B.   Folgen Sie den Anweisungen, bitte!

Fragen Sie Herrn Schmitt, ob er sich amüsiert!
Fragen Sie Frau Tiedemann, ob sie sich kleidet!
Fragen Sie die Herren, ob sie sich rasieren!
Fragen Sie die Fräulein, ob sie sich kämmen!

Grammatik

Certain verbs in German are called *reflexive* verbs. This means that the action of the verb is both executed and received by the subject. Reflexive verbs are accompanied by a pronoun which is called the reflexive pronoun. Note that the reflexive accusative pronouns are the same as the other accusative pronouns with the exception of the third person, which is *sich*.

sich kämmen	*sich amüsieren*
ich kämme mich	ich amüsiere mich
du kämmst dich	du amüsierst dich
er, sie, es kämmt sich	er, sie, es amüsiert sich
wir kämmen uns	wir amüsieren uns
ihr kämmt euch	ihr amüsiert euch
sie, Sie kämmen sich	sie, Sie amüsieren sich

The verb *sich waschen* has an umlaut in the second and third persons singular.

sich waschen	
ich wasche mich	wir waschen uns
du wäschst dich	ihr wascht euch
er, sie, es wäscht sich	sie, Sie waschen sich

Zusammenfassung

Folgen Sie dem Beispiel, bitte!

Ich kämme mich. Und er? →
Er kämmt sich auch.

Der Junge rasiert sich oft.   Und du?
Wir amüsieren uns.   Und die Jungen?
Ich wasche mich.   Und das Kind?
Sie kämmen sich.   Und wir?
Die Damen kleiden sich.   Und ihr?
Ich rasiere mich.   Und Hans?
Sie setzen sich.   Und du?

Personalpronomen im Dativ

mir

A.   Wiederholen Sie, bitte!

Erzähl mir ein Märchen!
Bestell mir ein Eis!
Hilf mir!

B.   Ersetzen Sie, bitte!

Sie | gibt
kauft
schickt
zeigt | mir ein Geschenk.

C.   Beantworten Sie die Fragen, bitte!

Kauft dir Marlene eine Platte?
Was kauft dir Marlene?
Schenkt sie dir einen Pullover?
Gibt dir Peter einen Fussball?
Was gibt dir Peter?
Schickt dir Oma zwanzig Mark?
Schreibt dir Arno eine Geburtstagskarte?
Was zeigt dir Petra?
Erzählt dir Sigrid ein Märchen?
Bestellt er dir das Eis?
Bestellt dir Dietmar ein Eis?

Der Mann macht Bauarbeiten, Tübingen

Sie amüsieren sich, Tübingen

Ein Arbeiter, Zell am See

dir

A. Wiederholen Sie, bitte!

Was gibt dir Peter?
Was schreibt dir Gabriele?

B. Ersetzen Sie, bitte!

Maria | schreibt / zeigt / gibt | dir etwas.

C. Folgen Sie den Anweisungen, bitte!

Fragen Sie Klara, ob Peter ihr eine Karte schreibt!
Fragen Sie Georg, ob Erika ihm hilft!
Fragen Sie Ursula, ob Christine ihr die Strasse zeigt!
Fragen Sie Günther, ob Johann ihm ein Hemd schenkt!

uns

A. Wiederholen Sie, bitte!

Er dankt uns.
Sie gibt uns ein Examen.
Er schreibt uns eine Karte.

B. Beantworten Sie die Fragen, bitte!

Kauft euch Grossvater ein Auto?
Schenkt euch Mutter den Schipullover?
Gibt euch Klaus den Fussball?
Schickt euch Erika eine Karte aus Deutschland?
Schreibt euch Ulrike einen Brief?
Zeigt euch Thomas St. Pauli?
Erzählt euch der Lehrer ein Märchen?
Bestellt euch Fräulein Sparber eine Limonade?

euch

A. Wiederholen Sie, bitte!

Christian und Susanne, schreibt euch Ingrid?
Petra und Helga, gibt euch Johannes seine Adresse?

B. Ersetzen Sie, bitte!

Johanna und Ursula, | schickt / schenkt / zeigt / gibt | euch Marlene ein Paket?

C. Folgen Sie den Anweisungen, bitte!

Fragen Sie Andreas und Inge, ob Allan ihnen etwas kauft!
Fragen Sie Hildegard und Ingrid, ob Helga ihnen schreibt!

Fragen Sie Peter und Rolf, ob Bernd ihnen hilft!
Fragen Sie Johannes und Frank, ob Marlene ihnen etwas schenkt!

ihm, ihr

A. Wiederholen Sie, bitte!

Ich gebe Robert die Adresse.
Ich gebe ihm die Adresse.
Ich gebe Erika die Adresse.
Ich gebe ihr die Adresse.

B. Beantworten Sie die Fragen, bitte!

Kaufst du ihm die Hose?
Schenkst du ihm den Pullover?
Gibst du ihm ein Hemd zum Geburtstag?
Schickst du ihm eine Geburtstagskarte?
Schreibst du ihm die Karte?
Zeigst du ihm das Auto?
Dankst du ihm?
Erzählst du ihm etwas?
Hilfst du ihm?
Bestellst du ihm eine Tasse Kaffee?

Kaufst du ihr die Bluse?
Schenkst du ihr die Theaterkarte?
Gibst du ihr den Volkswagen?
Schickst du ihr Blumen?
Schreibst du ihr eine Muttertagskarte?
Zeigst du ihr das Kino?
Dankst du ihr?
Erzählst du ihr viel?
Hilfst du ihr?
Bestellst du ihr Kuchen?

ihnen

A. Wiederholen Sie, bitte!

Ich kaufe Andrea und Brigitte eine Bluse.
Ich kaufe ihnen etwas.
Ich schreibe Karl und Hans den Brief nicht.
Ich schreibe ihnen nicht.

B. Folgen Sie dem Beispiel, bitte!

Wir kaufen Heidi und Bernhard die Kinokarten. →
Wir kaufen ihnen die Kinokarten.

Wir schenken Erika und Gerda ein Radio.
Wir geben Ralph und Thomas eine Gitarre.
Wir schenken Christine und Axel ein Paket.
Wir schreiben Johannes und Petra eine Karte.
Wir zeigen Dieter und Volker das Museum.

Ihnen—Höflichkeitsform

A. Wiederholen Sie, bitte!

Frau Nord, wir schreiben Ihnen eine Karte.
Herr Schwarz, wir geben Ihnen ein Geschenk.

Herr und Frau Schröder, wir geben Ihnen die
Adresse.
Herr Schmidt und Herr Schumann, wir zeigen
Ihnen Berlin.

B. Ersetzen Sie, bitte!

| Herr Wagner, ich | zeige
schreibe
schicke
kaufe | Ihnen etwas. |

| Herr und Frau Koch, ich | erzähle
schreibe
bestelle
schicke | Ihnen etwas. |

C. Folgen Sie den Anweisungen, bitte!

Fragen Sie Frau Weiss, ob Peter ihr das Paket
zeigt!
Fragen Sie Herrn Schröder, ob Gerda ihm eine
Limonade bestellt!
Fragen Sie die Damen, ob Karl ihnen die Adresse
gibt!
Fragen Sie die Herren, ob ihre Söhne ihnen helfen!

Grammatik

The dative pronouns are used as indirect objects. Note the following nominative, accusative, and dative pronouns. Note that *uns* and *euch* are the same in both the accusative and dative.

nominative	*accusative*	*dative*
ich	mich	mir
du	dich	dir
wir	uns	uns
ihr	euch	euch

Note that the third person dative pronouns have the same endings as the dative definite articles *dem, der, dem, den.*

er	ihn	ihm
es	es	ihm
sie	sie	ihr
sie (pl.)	sie	ihnen
Sie	Sie	Ihnen

Note that a pronoun object precedes a noun object.

Er gibt mir das Buch.
Wir helfen dir.
Sie zeigen uns die Stadt.
Ich erzähle euch ein Märchen.
Ich kaufe Peter ein Geschenk.
Ich kaufe ihm ein Geschenk.
Ich schreibe Gerda einen Brief.
Ich schreibe ihr einen Brief.
Wir geben unseren Freunden die Platten.
Wir geben ihnen die Platten.

Zusammenfassung

Beantworten Sie die Fragen nach dem Beispiel, bitte!

Schreibst du Dietmar? →
Ja, ich schreibe ihm.

Hilfst du mir?
Zeigen sie dir die Stadt?
Schickt Erika Heidi eine Karte?
Hilfst du Robert?
Kann uns Karl das Buch geben?
Bestellst du Erika und Therese ein Eis?
Will euch Karl die Platte geben?

In Deutschland gibt es viele Jobs, weil das Land viel Industrie hat, Trier

Dativpräpositionen *von, mit*

mir, uns

A.   *Wiederholen Sie, bitte!*

Das Geschenk ist von mir.
Das Geschenk ist von uns.

Gehst du mit mir?
Gehst du mit uns?

B.   *Ersetzen Sie, bitte!*

Der Pullover	
Die Bluse	ist von mir.
Das Hemd	
Der Fussball	

Gerda	geht	
	fährt	nicht mit uns.
	kommt	

C.   *Beantworten Sie die Fragen, bitte!*

Ist die Karte von dir?
Ist das Paket von dir?
Ist der Schlips von dir?
Ist Peter ein Freund von dir?

Ist Erika eine Freundin von euch?
Ist der Kuchen von euch?

Ist das ein Onkel von euch?
Ist die Platte von euch?

Spricht er nicht mit dir?
Tanzt sie mit dir?
Lernt Helga Deutsch mit dir?

Geht er mit euch ins Kino?
Fährt Marlies mit euch nach Kiel?
Spielt Rainer mit euch Fussball?
Tanzt Anita mit euch?

dir, euch, Ihnen

A.   *Wiederholen Sie, bitte!*

Ist das Geschenk von dir?
Kommt Jürgen nicht mit dir?

Ist das Geschenk von euch?
Kommt Jürgen mit euch?

Ist das Geschenk von Ihnen?
Kommt Jürgen nicht mit Ihnen?

B.   *Folgen Sie den Anweisungen, bitte!*

Fragen Sie Peter, ob das Geschenk von ihm ist!
Fragen Sie Erika, ob Peter ein Freund von ihr ist!
Fragen Sie Gisela, ob Marlene mit ihr Tennis
   spielt!

291

Fragen Sie Heidi und Marianne, ob der Pullover von ihnen ist!

Fragen Sie Viktor und Georg, ob Axel mit ihnen nach Köln fährt!

Fragen Sie Frau Behrends, ob die Karte von ihr ist!

Fragen Sie Herrn Schwarz, ob der Fussball von ihm ist!

Fragen Sie Frl. Jürgens und Frau Meyer, ob die zehn Mark von ihnen sind!

ihm, ihr, ihnen

A. *Wiederholen Sie, bitte!*

Das ist ein Freund von Klaus.
Wir sprechen von ihm.
Wir gehen mit ihm.

Das ist eine Freundin von Anne-Marie.
Wir lernen Englisch von ihr.
Wir tanzen mit ihr.

Das Geschenk ist von Detlev und Arno.
Wir hören von ihnen.
Wir sprechen mit ihnen.

B. *Folgen Sie dem Beispiel, bitte!*

> Ich spiele Tennis mit Manfred. →
> Ich spiele Tennis mit ihm.

Wir sprechen von Christoph.
Ich tanze gern mit Kurt.
Die Karte ist von Tante Anna.
Ich fahre mit Gerda nach Bremen.
Peter erzählt von Onkel Hans und Tante Else.
Erika spricht mit Erich und Ralph.

Grammatik

As you have already learned, the prepositions *mit* and *von* are always followed by the dative case. Therefore, when a pronoun follows the preposition, it must also be in the dative case.

> Sie gehen gern mit mir, aber ich gehe nicht gern mit ihnen.
> Er hat von uns Englisch gelernt, und wir haben von ihm Deutsch gelernt.

Zusammenfassung

Folgen Sie dem Beispiel, bitte!

> Sprichst du gern mit Marlies? →
> Ja, ich spreche gern mit ihr.

Lernst du mit Arnold Deutsch?
Spielst du mit Maria Tennis?
Fährst du mit mir nach Berlin?
Sprichst du Deutsch mit uns?
Fliegst du mit Gerda und Hildegard nach Paris?

Erzählst du von Frau Peters?
Hörst du manchmal von Christoph?
Ist die Karte von mir?
Sprichst du oft von uns?
Lernst du etwas von Manfred und Rainer?

Das Perfekt

wissen, kennen, bringen, denken

A. Wiederholen Sie, bitte!

Ich habe es gewusst.
Sie hat ihn gekannt.
Die Jungen haben es gebracht.
Was haben Sie gedacht?

B. Beantworten Sie die Fragen, bitte!

Hat Erich es gewusst?
Hat er Erika gekannt?
Hat Jürgen die Cola gebracht?
Was hat sie gedacht?

Haben die Jungen viel gewusst?
Haben die Mädchen den Film gekannt?
Haben sie die Bratwurst gebracht?
Was haben Karl und Helga gedacht?

Hast du nichts gewusst?
Hast du Susanne gekannt?
Hast du den Kuchen gebracht?
Was hast du gedacht?

Habt ihr etwas gewusst?
Habt ihr Jörg gekannt?
Habt ihr das Auto gebracht?
Was habt ihr gedacht?

Haben Sie es gewusst?
Haben Sie Berlin gekannt?
Haben Sie das Eis gebracht?
Was haben Sie gedacht?

C. Folgen Sie den Anweisungen, bitte!

Fragen Sie Marlene, ob sie viel gewusst hat!
Fragen Sie Manfred und Klaus, ob sie Erika gekannt haben!
Fragen Sie Herrn Dietrich, was er gebracht hat!
Fragen Sie die Damen, was sie gedacht haben!

Grammatik

Study the past participles of the following verbs.

wissen	gewusst
kennen	gekannt
bringen	gebracht
denken	gedacht

Zusammenfassung

Folgen Sie dem Beispiel, bitte!

> Ich kenne Hans. →
> Ich habe Hans gekannt.

Wir wissen nichts.
Ich kenne Erika.
Karl bringt das Paket.
Kennst du die Stadt?
Die Kinder bringen den Fussball.
Erika weiss etwas.

Gespräch

Mach schnell!

Gerda Karl, was machst du denn im Badezimmer?

Karl Ich rasiere mich.

Gerda Mach schnell! Ich möchte mich kämmen.

Karl Kämm dich im Schlafzimmer!

Gerda Du bist aber gar nicht nett. Ich habe dir dein Frühstück gebracht.

Karl Gerda, ich habe keine Zeit. Ich kann jetzt nicht mit dir sprechen.

Gerda Hans wartet. Er will mit uns zur Schule gehen.

Karl Du kannst mit ihm gehen. Ich muss mich rasieren.

Fragen

1. Spricht Gerda mit ihrem Bruder?
2. Was macht ihr Bruder?
3. Wo rasiert er sich?
4. Was möchte Gerda machen?
5. Ist Karl nett?
6. Was hat Gerda ihm gebracht?
7. Wer wartet auf Karl und Gerda?
8. Wohin will er mit ihnen gehen?
9. Wer kann mit ihm gehen?

Lesestück

das Leben   *life*

Es ist Samstag morgen, sieben Uhr. Wir sind in Deutschland. Die Sonne scheint. Der Wecker klingelt. Horst kann nicht schlafen, weil er um acht Uhr in der Schule sein muss. Samstags muss er in die Schule gehen? Ja, in Deutschland müssen die Schüler Samstag morgen in die Schule gehen. Heute hat Horst nur drei Fächer. Deshalb muss er nur drei Stunden in der Schule bleiben.

Das Badezimmer ist frei. Horst muss schnell machen, denn es ist schon spät. Er badet sich. Heute ist er froh, dass er noch keinen Bart hat. Er rasiert sich nicht. Er geht ins Schlafzimmer und kleidet sich. Dann geht er wieder ins Badezimmer und kämmt sich. Er will gut aussehen.

Die Familie wartet in der Küche. Sie möchten das Frühstück essen.
—Guten Morgen, Horst.
—Guten Morgen, Mutti. Hast du gut geschlafen?
—Sehr gut, danke.
—Vati, gib mir eine Tasse Kaffee, bitte!
Sein Vater gibt ihm den Kaffee.
—Horst, möchtest du nicht lieber Kakao trinken?

das Brötchen   *roll*

—Nein, danke. Ich möchte nur Kaffee, Brötchen und Marmelade.
Nach dem Frühstück geht er schnell zur Schule. Er hat Chemie, Deutsch und Mathematik. Nach der Schule muss er arbeiten. Er hat einen Job bei einer Tankstelle. Seine Freundin Gerda arbeitet auch. Sie ist Lehrling in einem Frisörladen.

Samstag abend treffen sich die Freunde und Freundinnen. Oft gehen sie ins Kino, so auch heute. Die jungen Leute in Deutschland gehen gern ins Kino. Später gehen sie alle zu Horst. Er hat ein Stereogerät, und die Freunde spielen Platten. Sie tanzen und singen. Sie essen auch. Horsts Mutter bringt ihnen Aufschnitt, Brot und Käse. Die Jungen amüsieren sich. Dann und wann sind sie auch ernst und unterhalten sich über Politik, das Schulsystem oder das Leben. Klaus-Dieter, ein Freund von Horst, arbeitet mit einem Gastarbeiter aus Italien. In Deutschland gibt es zu viele Jobs und zu wenige Arbeiter. Männer kommen aus Italien und Spanien, weil sie hier Arbeit finden können. Die Deutschen nennen sie Gastarbeiter. Klaus-Dieter sagt, dass ihr Leben nicht leicht ist. Sie machen Strassen-arbeiten und Bauarbeiten. Viele Gastarbeiter haben grosse Probleme, weil sie kein Deutsch sprechen können.

Aber es ist elf Uhr, und die Freunde müssen nach Hause gehen. Für Morgen haben sie ein Picknick im Schlossgarten geplant.

dann und wann   *once in a while*

ernst   *serious*

wenige   *few*

leicht   *easy*

Fragen

1. Welcher Tag ist es?
2. Wie spät ist es?
3. Wo sind wir?
4. Was klingelt?
5. Kann Horst schlafen?
6. Warum kann er nicht schlafen?
7. Wohin muss er gehen?
8. Wieviel Fächer hat er heute?
9. Wieviel Stunden bleibt er in der Schule?
10. Wie ist das Badezimmer?
11. Was macht er im Badezimmer?
12. Warum ist er glücklich?
13. Wo kleidet er sich?
14. Warum muss er sich kämmen?
15. Wo wartet die Familie?
16. Was möchten sie essen?
17. Was gibt der Vater seinem Sohn?
18. Was isst Horst?
19. Was hat Horst heute in der Schule?
20. Wo hat er einen Job?
21. Was ist seine Freundin?
22. Was machen die Freunde und Freundinnen Samstag abend?
23. Wohin gehen sie?

24. Warum gehen sie oft ins Kino?
25. Wohin gehen sie später?
26. Was hat Horst?
27. Was machen die Jungen?
28. Was gibt ihnen Horsts Mutter?
29. Mit wem arbeitet Klaus-Dieter?
30. Was gibt es in Deutschland?
31. Was sind Gastarbeiter?
32. Was machen sie?
33. Warum müssen die Jungen um elf Uhr nach Hause gehen?

Übungen zum Schreiben

A *Form sentences from the following.*
1. Wecker / klingeln / in / Schlafzimmer
2. Junge / sich rasieren / in / Badezimmer
3. Wir / essen / Frühstück / in / Küche
4. Jungen / sich unterhalten / über / Arbeit / Politik
5. Mädchen / sich kleiden / in / Schlafzimmer
6. Gerda / sein / Lehrling / in / Frisörladen

B *Complete the following with the appropriate definite article.*
1. _____ Frühstück ist gut.
2. _____ Tankstelle ist nicht im Zentrum.
3. _____ Stereogerät ist neu.
4. _____ Wecker klingelt um sieben Uhr.
5. _____ Badezimmer ist schön.
6. _____ Fach ist interessant.

C *Rewrite the following in the plural.*
1. Das Stereogerät ist im Wohnzimmer.
2. Die Tankstelle ist dem Park gegenüber.
3. Das Stereogerät spielt gut.
4. Der Lehrling lernt viel.
5. Das Fach ist interessant.

D *Complete the following with the appropriate reflexive pronoun.*
1. Ich rasiere _____ .
2. Wir kleiden _____ .
3. Sie setzen _____ .
4. Amüsiert ihr _____ ?
5. Wir unterhalten _____ .
6. Ich kämme _____ .

E   Complete the following with the appropriate form of the indicated verb.

1. Wir _____ im Café.   *sich amüsieren*
2. Karl _____ im Badezimmer.   *sich waschen*
3. _____ du _____?   *sich kleiden*
4. Die Eltern _____ über Politik.   *sich unterhalten*
5. Die Mädchen _____.   *sich kämmen*
6. Wir _____ ins Esszimmer.   *sich setzen*
7. Ich _____.   *sich waschen*
8. _____ du _____ mit deinen Freunden nach der Schule?   *sich treffen*

F   Rewrite the following in the plural.

1. Ich amüsiere mich.
2. Du unterhältst dich.
3. Das Mädchen kämmt sich.
4. Ich setze mich.
5. Du kleidest dich.

G   Answer the following with the appropriate dative pronoun.

1. Schreibt ihr eurem Onkel einen Brief?
2. Erzählt Gerda den Kindern ein Märchen?
3. Dankt dir Karl?
4. Gibt er uns das Paket?
5. Schicken wir Gerda ein Geschenk?

Eine Tankstelle, Trier

Hier wohnen die Arbeiter, Essen

6. Zeigen wir unseren Freunden die Stadt?
7. Bestellt er euch eine Limonade?
8. Kannst du mir helfen?
9. Kaufst du Hans und Gerda die Kinokarten?
10. Herr Braun, danken Sie uns?

H   *Answer the following with any appropriate dative pronoun.*

1. Wem dankst du?
2. Wem schreibt Peter einen Brief?
3. Wem gebt ihr die Zeitung?
4. Wem erzählt das Mädchen das Märchen?
5. Wem helfen sie?

I   *Substitute the appropriate pronoun for the italicized element.*

1. Wir schreiben unserer Tante *den Brief*.
2. Wir schreiben *unserer Tante* den Brief.
3. Sie erzählt *dem Kind* das Märchen.
4. Sie erzählt dem Kind *das Märchen*.
5. Ich kaufe *Karl und Hans* den Fussball.
6. Ich zeige Ingrid *die Stadt*.

7. Ich zeige *Ingrid* die Stadt.
8. Wir danken *Ingrid und Erika*.

J *Complete the following with* wer, wem, *or* wen.

1. _____ ist Karl?
2. _____ schickst du das Paket?
3. _____ ist der Lehrling?
4. _____ siehst du?
5. _____ gibst du den Roman?

K *Answer the following with the appropriate pronoun.*

1. Ist die Karte von Hans?
2. Gehst du mit mir?
3. Spielt ihr mit uns Fussball?
4. Ist das Paket von dir?
5. Gehst du mit deinem Freund einkaufen?
6. Amüsierst du dich mit dem Kind?
7. Ist das Geschenk von Onkel Karl?
8. Spricht Gerda mit der Lehrerin?

L *Rewrite the following in the present perfect.*

1. Wir bringen Brot und Käse.
2. Ich kenne ihn.
3. Was denkst du?
4. Wir wissen das.
5. Er kennt den Film.
6. Ich bringe die Karten.

M *Answer the following in paragraph form.*

Wie heisst du?
Wo wohnst du?
Um wieviel Uhr klingelt dein Wecker?
Gehst du ins Badezimmer?
Wäschst du dich?
Kämmst du dich?
Gehst du wieder ins Schlafzimmer?
Kleidest du dich?
Isst du Frühstück mit deiner Familie?
Wo isst du Frühstück?
Um wieviel Uhr gehst du in die Schule?
Welche Fächer hast du?
Amüsierst du dich nach der Schule?
Wohin gehst du mit deinen Freunden und deinen Freundinnen?

300

Mündliche Zusammenfassung

Aufgabe 15

1 Der Junge ruft das Mädchen an.
Sie sprechen am Telefon.
Er holt sie um acht Uhr ab.
Er hat etwas vor.
Er schlägt einen Film vor.

2 Der Junge probiert das Hemd an.
Es passt zu der Hose.

3 Das Mädchen zieht den Mantel an.
Sie schaut sich im Spiegel an.
Sie sieht schick aus.

4 Die Jungen und Mädchen haben Schülerkarten.
Die Vorstellung beginnt um sieben.
Karl bezahlt die Karten.

5 Die Weinfässer geben dem
Ratskeller Atmosphäre.
Der Ratskeller hat Balken aus Holz.
Auf dem Tisch ist eine Speisekarte.
Der Mann sucht Wein aus.
Die Kellnerin kommt.
Die Kellnerin verdient Geld.
Ein Junge steht auf.

Übungen

A Beantworten Sie die Fragen, bitte!

1. Wen ruft der Junge an?
2. Wann holt er sie ab?
3. Was schlägt er vor?
4. Was probiert der Junge an?
5. Passt das Hemd zu der Hose?
6. Was zieht das Mädchen an?
7. Wie sieht sie aus?
8. Was haben die Jungen und Mädchen?
9. Wann beginnt die Vorstellung?
10. Was geben die Weinfässer dem Ratskeller?
11. Was ist auf dem Tisch?
12. Was sucht der Mann aus?
13. Wer kommt?
14. Wer steht auf?

B Ergänzen Sie, bitte!

1. Der Junge und das Mädchen sprechen am ＿＿＿.
2. Er ruft das Mädchen ＿＿＿.
3. Er ＿＿＿ einen Film vor.
4. Der Junge ＿＿＿ die Hose an.
5. Sie ＿＿＿ zu dem Hemd.
6. Das Mädchen zieht den Mantel ＿＿＿.
7. Sie schaut sich im ＿＿＿ an.
8. Sie ＿＿＿ schick aus.
9. Die Jungen und Mädchen haben ＿＿＿.
10. Die ＿＿＿ beginnt.
11. Die ＿＿＿ geben Atmosphäre.
12. Auf dem Tisch ist eine ＿＿＿.
13. Die ＿＿＿ kommt.

Die Kellnerin arbeitet im Ratskeller

305

Nomen

Ist der Spiegel im Badezimmer?
Ist der Ratskeller im Zentrum?
Ist der Balken aus Holz?
Beginnt die Vorstellung um sieben?
Ist die Speisekarte auf dem Tisch?
Kommt die Kellnerin?

B. *Beantworten Sie die Fragen, bitte!*

Sind die Spiegel gross?
Sind die Balken aus Holz?
Sind die Vorstellungen interessant?
Sind die Speisekarten auf dem Tisch?
Arbeiten die Kellnerinnen viel?
Sind die Weinfässer schön?

Grammatik

The nouns presented in this lesson are:

Singular	Plural
der Spiegel	die Spiegel
der Ratskeller	die Ratskeller
der Balken	die Balken
die Vorstellung	die Vorstellungen

Singular	Plural
die Speisekarte	die Speisekarten
die Kellnerin	die Kellnerinnen
die Atmosphäre	
das Weinfass	die Weinfässer

Struktur

Verben mit trennbaren Präfixen

A. *Wiederholen Sie, bitte!*

Brigitte kommt mit.
Sie fahren mit.
Ich gehe nicht mit.
Wir nehmen Brigitte mit.

B. *Beantworten Sie die Fragen, bitte!*

Geht Brigitte mit?
Fährt Klaus nicht mit?
Kommt Dietmar auch mit?
Nimmt sie Geld mit?
Fahren die Kinder nach Hamburg mit?
Gehen die Eltern auch mit?
Machen Johannes und Angelika in der Deutsch-
   klasse mit?

Nehmen sie den Wagen mit?
Bringst du deine Freundin mit?
Machst du mit?
Fährst du nach Köln mit?
Gehst du mit?
Bringt ihr den Kuchen mit?
Nehmt ihr ein Radio mit?
Kommt ihr morgen mit?
Geht ihr auch mit?
Nehmen Sie den Regenmantel mit?
Kommen Sie heute abend mit?

C. *Folgen Sie den Anweisungen, bitte!*

Fragen Sie Anita, ob sie mitkommt!
Fragen Sie Erich, ob er mitgeht!
Fragen Sie die Mädchen, ob sie mitfahren!
Fragen Sie die Jungen, ob sie etwas mitbringen!
Fragen Sie die Damen, ob sie einen Mantel mit-
   nehmen!
Fragen Sie den Herrn, ob er mitkommt!

Wir können ins Konzert gehen

Ein Restaurant, Nördlingen

Grammatik

Many German verbs can take a prefix that is either a preposition or an adverb. *Mit* is a common prefix that can be used with many verbs:

> mitkommen, mitbringen, mitnehmen, mitmachen, mitgehen, mitfahren, mitsingen

You will note, however, that when the verb is conjugated, the prefix is separated from the verb and appears at the very end of the sentence. Verbs that function in such a way are called *separable-prefix* verbs.

> Ich komme nicht mit.
> Wir fahren nach Hamburg mit.
> Die Jungen gehen mit.

In most negative sentences containing a separable prefix, the word *nicht* immediately precedes the prefix.

> Die Jungen gehen nicht mit.

307

Zusammenfassung

Folgen Sie dem Beispiel, bitte!

> Ich komme mit. Und ihr? →
> Wir kommen auch mit.

Annemarie geht nach der Schule mit. Und du?
Ralph macht immer mit. Und ihr?
Die Mädchen bringen die Platten mit. Und er?
Peter fährt nach Frankfurt mit. Und Klaus?
Wir kommen natürlich auch mit. Und ihr?

Verben mit trennbaren Präfixen

A. Wiederholen Sie, bitte!

Heinz kauft in der Stadt ein.
Ulrike sieht gut aus.
Brigitte und Uwe hören gut zu.
Sie gehen weiter.
Ich ziehe eine Jacke an.
Wir stehen um neun auf.

B. Ersetzen Sie, bitte!

Kurt sieht | elegant / schick / prima | aus.

Sie kaufen | bei *Brenninkmeyer* / in der Stadt / in Hamburg | ein.

Ich stehe um | sieben / neun / elf | auf.

Wir hören | gut / nicht / jetzt | zu.

C. Beantworten Sie die Fragen, bitte!

Kauft Heinz bei *Brenninkmeyer* ein?
Zieht sie das Kleid an?
Hat Karl etwas vor?
Sieht Rolf krank aus?
Hören Erika und Gisela zu?
Stehen die Mädchen früh auf?
Suchen die Eltern den Wein aus?
Gehen die Jungen weiter?
Gehen die Jungen aus?
Kaufst du gern ein?
Stehst du spät auf?
Hörst du zu?
Schlägst du einen Film vor?
Zieht ihr Jeans an?
Kauft ihr morgen ein?
Steht ihr um sechs Uhr auf?
Hören Sie zu?
Kaufen Sie oft hier ein?

D. Wiederholen Sie, bitte!

Probierst du den Pullover an?
Ruft ihr Jürgen an?
Holen Sie Hildegard ab?

C. Ersetzen Sie, bitte!

Rufst du | Helene / Ralph / Anne-Marie | an?

Holt ihr | die Jungen / die Mädchen / Erika | ab?

| Probieren Sie | die Hose
das Kleid
den Pullover | an? |

Fragen Sie die Mädchen, ob sie die Bluse anprobieren!

Fragen Sie die Jungen, ob sie Georg anrufen!

Fragen Sie Fräulein Bauer, ob sie bei Karstadt einkauft!

Fragen Sie Herrn Schulz und Herrn Becker, ob sie uns abholen!

F. Folgen Sie den Anweisungen, bitte!

Fragen Sie Helene, ob sie Ulrike anruft!

Fragen Sie Peter, ob er Monika abholt!

Grammatik

Other frequently used separable-prefix verbs are:

anziehen	to put on, wear
anprobieren	to try on
anschauen	to look at
anrufen	to call up
abholen	to pick up
einkaufen	to shop
zuhören	to listen to
aufstehen	to get up
aussehen	to look (good, sick, etc.)
weitergehen	to go on
vorhaben	to plan to do
vorschlagen	to suggest

Ich ziehe die Bluse an.   Sie hören den Platten zu.
Er probiert die Hose an.   Ich stehe un neun auf.
Klaus ruft Gerda an.   Du siehst krank aus.
Ich hole meinen Freund ab.   Ich habe etwas vor.
Wir kaufen heute ein.

Remember that in a negative sentence the word *nicht* precedes the separable prefix.

Klaus ruft sie nicht an.

Zusammenfassung

Folgen Sie dem Beispiel, bitte!

Sie kauft bei *Brenninkmeyer* ein. Und du? →
Ich kaufe auch bei *Brenninkmeyer* ein.

Ich komme mit. Und ihr?
Er hört gut zu. Und Helga?
Sie stehen um acht auf. Und du?
Wir rufen Klaus-Dieter an. Und Gerd?
Du holst Ingrid ab. Und sie?

Das Paar sieht gut aus

Verben mit trennbaren Präfixen

Mit modalen Hilfsverben

A. *Wiederholen Sie, bitte!*

Brigitte darf mitkommen.
Erich will die Hose anprobieren.
Sie sollen Peter abholen.
Dieter und Fred müssen um sechs aufstehen.
Ich kann dich anrufen.
Wir möchten gut aussehen.

B. *Ersetzen Sie, bitte!*

Horst möchte
| mitfahren.
| mitgehen.
| mitmachen.

Heidi und Gerda wollen
die Kleider
| anziehen.
| anprobieren.
| abholen.

Ich soll Manfred
| anrufen.
| mitnehmen.
| abholen.

Wir können die Cola
| mitbringen.
| mitnehmen.
| abholen.

C. *Beantworten Sie die Fragen, bitte!*

Soll Peter einen Kuchen mitbringen?
Was muss Monika mitnehmen?
Möchte sie Jeans anziehen?
Dürfen Horst und Heidi zuhören?
Wollen die Jungen modisch aussehen?
Möchten die Eltern mitfahren?
Kannst du mich mit dem Auto abholen?
Musst du um acht Uhr aufstehen?
Möchtest du auch mitkommen?
Könnt ihr um sechs aufstehen?
Wollt ihr die Hose anprobieren?

Müsst ihr ein Kleid anziehen?
Können Sie bei Karin anrufen?
Wollen Sie jetzt weitergehen?

Könnt ihr das Paket | abholen?
| mitbringen?
| mitnehmen?

D.   Wiederholen Sie, bitte!

Willst du Peter anrufen?
Möchten Sie die Jacke anprobieren?
Sollt ihr um fünf Uhr aufstehen?
Können Sie den Fussball mitbringen?

Möchten Sie das Kleid | anprobieren?
| anziehen?
| mitnehmen?

E.   Ersetzen Sie, bitte!

Willst du morgen | mitkommen?
| anrufen?
| mitfahren?

F.   Folgen Sie den Anweisungen, bitte!

Fragen Sie Jürgen, wann er aufstehen muss!
Fragen Sie Johanna, was sie anziehen will!
Fragen Sie die Jungen, was sie mitbringen können!
Fragen Sie Manfred und Ingrid, ob sie weiter-
gehen wollen!
Fragen Sie Frau Siemens, ob sie mitkommen will!
Fragen Sie die Damen, ob sie die Jacken anprobie-
ren möchten!

Grammatik

When a modal auxiliary (*wollen, mögen, sollen, dürfen, müssen, können*) is used with a separable-prefix verb such as *mitkommen, abholen,
anrufen*, etc., the prefix (*mit, ab, an*, etc.) is *not* separated from the
stem.   The entire verb—prefix and stem—appears at the end of the
sentence.   Study the following.

Ich rufe Heidi an.   Er steht um neun auf.
Ich kann Heidi anrufen.   Er muss um neun aufstehen.
Ich gehe mit.   Ihr holt Ingrid ab.
Ich möchte mitgehen.   Ihr wollt Ingrid abholen.

Remember that the negative word *nicht* precedes the infinitive when
the sentence is made negative.

Wir können Gerda nicht abholen.

Zusammenfassung

Folgen Sie dem Beispiel, bitte!

Er ruft Erika an. →
Er möchte Erika anrufen.

Ich probiere den Mantel an.   Gehst du weiter?
Ingrid bringt ihre Freundin mit. Er holt Helga ab.
Wir hören zu.   Sie ziehen Jeans an.

Verben mit untrennbaren Präfixen

A. Ersetzen Sie, bitte!

Helga bestellt
| ein Eis.
| eine Limonade.
| Kuchen.

Sie verdienen
| zehn
| fünfzig
| hundert
| Mark.

Wir verkaufen unser
| Haus.
| Auto.
| Buch.

B. Beantworten Sie die Fragen, bitte!

Verdient Manfred viel Geld?
Besucht er seinen Freund in Köln?
Bezahlen die Eltern das Hotel?
Erzählen Horst und Bernhard ein Märchen?
Beantworten sie die Fragen?
Bestellst du Kaffee?
Verkaufst du dein Auto?
Besuchst du mich im Sommer?
Verdient ihr schon Geld?
Bestellt ihr für uns?
Verkaufen Sie Ihren Volkswagen?
Besuchen Sie Ihre Eltern an der Nordsee?
Erzählen Sie ein Märchen?

C. Folgen Sie den Anweisungen, bitte!

Fragen Sie Marlies, was sie bestellt!
Fragen Sie Wolfgang, was er verkauft!
Fragen Sie die Jungen, ob sie Geld verdienen!
Fragen Sie Petra und Manfred, ob sie bezahlen!
Fragen Sie den Herrn, ob er den Fussball verkauft!
Fragen Sie die Damen, ob sie das Gymnasium besuchen!

Grammatik

Certain German verbs have prefixes that are not separated from the stem. They are called *inseparable-prefix* verbs. Study the following.

bestellen	to order	besuchen	to visit
erzählen	to tell	bezahlen	to pay for
verdienen	to earn	beantworten	to answer
verkaufen	to sell		

Wir beantworten die Fragen.
Ihr bestellt ein Eis.
Er verdient viel Geld.

Verben mit untrennbaren Präfixen

Mit modalen Hilfsverben

A. Wiederholen Sie, bitte!

Robert will sein Auto verkaufen.
Sie möchten jetzt bestellen.
Wir können etwas erzählen.

B. Beantworten Sie die Fragen, bitte!

Kann Karin bezahlen?
Möchte Jürgen Geld verdienen?
Will Erika die Karte beantworten?
Müssen die Jungen das Fahrrad verkaufen?
Sollen Thomas und Ingrid das Essen bestellen?
Kannst du mich im Sommer besuchen?
Willst du dein Haus verkaufen?

Möchtest du die Fragen beantworten?
Müsst ihr Geld verdienen?
Könnt ihr das Kino bezahlen?
Sollen Sie Ihre Grosseltern besuchen?
Wollen Sie Ihr Auto verkaufen?
Müssen Sie die Schule bezahlen?

C. Folgen Sie den Anweisungen, bitte!

Fragen Sie Günther, was er bestellen möchte!

Fragen Sie Hanna, was sie verdienen will!

Fragen Sie Erika und Karin, ob sie Georg besuchen können!

Fragen Sie die Damen, was sie bezahlen können!

Fragen Sie die Herren, was sie verkaufen möchten!

Grammatik

The verbs with inseparable prefixes function like the verbs with separable prefixes when they are used with modal auxiliaries. Note again that the infinitive appears at the end of the sentence.

> Ich bestelle ein Eis.
> Ich *will* ein Eis *bestellen*.

Zusammenfassung

Folgen Sie dem Beispiel, bitte!

> Er verdient hundert Mark. →
> Er will hundert Mark verdienen.

Ich bestelle Kaffee.
Wir besuchen Klaus-Dieter.
Er bezahlt.

Sie beantwortet die Karte.
Dietmar erzählt das Märchen.

Die Kappelle spielt

Gespräch

Hast du etwas vor?

Volker Guten Abend, Edith, hast du morgen etwas vor?

Edith Ja, morgen abend. Unsere Klasse geht ins Theater. Willst du mitkommen?

Volker Sehr gern. Wann beginnt denn die Vorstellung?

Edith Um halb acht. Ich hole dich ab, O.K.? Und bring deine Schülerkarte mit!

Fragen

1. Hat Edith morgen abend etwas vor?
2. Was macht ihre Klasse?
3. Geht Volker mit?
4. Wann beginnt die Vorstellung?
5. Was soll Volker mitbringen?

Lesestück

Im Ratskeller

Armin ruft Renate an. „Hast du heute abend etwas vor? Nein? Prima, gehen wir aus!" Renate geht gern mit Armin ins Theater, denn er ist nett und intelligent und—er sieht gut aus.

Es ist sechs Uhr. Armin holt Renate um sieben ab. Sie hat noch eine Stunde. In ihrem Zimmer probiert Renate Pullover und Blusen an. Sie schaut sich im Spiegel an. Schick! Der Pullover passt gut zu dem Rock. Sie zieht ihn an. Ein bisschen Make-up und Renate ist fertig. Es ist sieben. Armin klingelt. Im Stadttheater spielt Bertold Brechts *Mutter Courage*, sagt er. Prima, in der Deutschklasse

nehmen...durch   *study*

nehmen sie gerade Brecht durch. Mit ihren Schülerkarten sind die Plätze ganz billig. Die beiden fahren mit der Strassenbahn zum Theater. Die Vorstellung beginnt um halb acht.

Nach der Vorstellung möchten Armin und Renate natürlich über

das Stück   *play, piece*

an den Wänden   *on the walls*

dunkel   *dark*

die Gemütlichkeit   *geniality, good living*

das Stück sprechen. Renate schlägt ein Café vor. Aber Armin hat Hunger. Er will in den Ratskeller gehen. Ein Ratskeller ist interessant. Er hat immer Atmosphäre. An den Wänden sind Weinfässer mit vielen Weinen. Die Tische und die Balken sind aus Holz. Das Holz ist alt und dunkel. Die Leute trinken Wein, essen, unterhalten sich, amüsieren sich. Das ist Gemütlichkeit! Armin und Renate setzen sich und bekommen eine Speisekarte. „Wieviel können

315

ausgeben   *spend money*
gleich   *immediately*
das Hähnchen   *spring chicken*
der Kartoffelbrei   *mashed potatoes*
der Kartoffelsalat   *potato salad*

wir ausgeben?" fragt Renate. „Wir können essen, was wir wollen. Heute bin ich reich", sagt Armin. Sie suchen erst einen Wein aus. Die Kellnerin bringt ihn gleich. Armin bestellt Hähnchen mit Kartoffelbrei und Renate ein Sandwich mit Kartoffelsalat. „Prost!" sagen Renate und Armin.

Fragen

1. Wen ruft Armin an?
2. Gehen Armin und Renate heute abend aus?
3. Sieht Armin gut aus?
4. Wann holt Armin Renate ab?
5. Was macht Renate in ihrem Zimmer?
6. Was passt gut zu dem Rock?
7. Was zieht sie an?
8. Was spielt im Stadttheater?
9. Warum sind die Plätze billig?
10. Wann beginnt die Vorstellung?
11. Was möchten Armin und Renate nach der Vorstellung machen?
12. Gehen sie ins Café?
13. Was hat ein Ratskeller immer?
14. Was ist in den Weinfässern?
15. Wie ist das Holz?
16. Was machen die Leute in einem Ratskeller?
17. Warum können Armin und Renate essen, was sie wollen?
18. Was suchen sie aus?
19. Was bestellen Armin und Renate?

Übungen zum Schreiben

A   *Complete the following with an appropriate word.*

1. Karl _____ das Mädchen _____.
2. Er _____ etwas _____.
3. Er _____ einen Film _____.
4. Er _____ sie um acht Uhr _____.
5. Das Mädchen _____ den Rock _____.
6. Sie _____ sich im Spiegel _____.
7. Der Rock _____ zu der _____.
8. Sie _____ schick _____.
9. Die beiden gehen _____ Theater.
10. Karl bringt die _____ mit und er _____ die Theaterkarten.
11. Die _____ beginnt um sieben.

B *Write the sentences from Exercise A in paragraph form.*

C *Answer the following questions with a complete sentence.*
1. Was gibt dem Ratskeller Atmosphäre?
2. Hat der Ratskeller Balken aus Holz?
3. Haben die Gäste Speisekarten?
4. Was sucht der Mann aus?
5. Wer kommt mit dem Abendessen?

D *Form sentences from the following.*
1. Karin / mitkommen / heute
2. Wir / mitgehen / auch
3. Er / mitnehmen / ein / Radio
4. Sie / mitkommen / heute abend
5. Wir / mitfahren / nach / Hamburg
6. Ich / mitgehen / nicht
7. Sie / mitbringen / das Geschenk

E *Complete the following with the appropriate form of the indicated verb.*
1. Hans _____ bei *Brenninkmeyer* _____. *einkaufen*
2. Wir _____ um acht _____. *aufstehen*
3. Ich _____ meine Bluse _____. *anziehen*
4. Gerda, du _____ gut _____. *aussehen*
5. Ich _____ etwas _____. *vorhaben*
6. Mein Vater _____ den Wein _____. *aussuchen*
7. Wir _____ gut _____. *zuhören*
8. Deine Freundinnen _____ schick _____. *aussehen*
9. Ihr _____ um halb sieben _____. *aufstehen*
10. Ich _____ einen Film _____. *vorschlagen*

F *Form sentences from the following.*
1. Wir / einkaufen / in / Stadt
2. Ich / zuhören / nicht
3. Mein / Freundin / aussehen / prima
4. Dein / Freund / vorhaben / etwas
5. Ich / anziehen / Kleid
6. Jungen / aufstehen / spät
7. Rolf / aussehen / krank
8. Ich / einkaufen / gern

G *Complete the following with the appropriate form of the indicated verb.*
1. Das Mädchen _____ die Bluse _____. *anprobieren*
2. Karl _____ Ingrid _____. *anrufen*

317

Deutschland produziert viel Wein, Mosel

3. Ich _____ dich um neun _____. *abholen*
4. Ihr _____ die Freunde _____. *anrufen*
5. Wir _____ Erika _____. *abholen*

H   *Rewrite the following according to the model.*

> Ich stehe um acht auf. →
> Ich möchte um acht aufstehen.

1. Wir rufen Klaus-Dieter an.
2. Er holt seine Freundinnen ab.
3. Die Mädchen kaufen in der Stadt ein.
4. Er schlägt einen Film vor.
5. Ich sehe modisch aus.
6. Sie stehen um acht auf.
7. Er hat etwas vor.
8. Dieter probiert das Hemd an.
9. Ich ziehe den Regenmantel an.

I   *Introduce each statement with the indicated expression.*

1. Karl ruft Ingrid an. *Karl muss*
2. Wir stehen spät auf. *Wir dürfen*
3. Ich probiere das Hemd an. *Ich soll*
4. Er kommt mit. *Er will*

318

5. Ihr habt etwas vor. *Ihr müsst*
6. Rufst du deine Freundin an? *Möchtest du*
7. Wir holen Grossvater ab. *Wir sollen*
8. Gehst du mit? *Darfst du*
9. Ich bringe die Schülerkarten mit. *Ich will*
10. Sie kauft bei *Brenninkmeyer* ein. *Sie kann*

J *Complete the following with the appropriate form of the present of the indicated verb.*

1. Ich _____ ihm mein Auto. *verkaufen*
2. Das Mädchen _____ dem Kind ein Märchen. *erzählen*
3. Wir _____ ein Eis. *bestellen*
4. Die Gastarbeiter _____ nicht viel. *verdienen*
5. Der Student _____ die Fragen. *beantworten*
6. Ich _____ meinen Onkel gern. *besuchen*
7. Karl _____ im Café. *bezahlen*
8. Wann _____ ihr sie? *besuchen*

K *Form sentences from the following.*

1. Ich / möchten / viel / Geld / verdienen
2. Karin / müssen / Kind / Märchen / erzählen
3. Er / sollen / Fragen / beantworten
4. Wir / wollen / Abendessen / bezahlen
5. Wir / möchten / unser / Haus / verkaufen
6. Ich / sollen / mein / Freund / besuchen

L *Answer the following questions in paragraph form.*

Ruft Karl Ingrid an?
Hat er etwas vor?
Möchte er *Mutter Courage* im Stadttheater sehen?
Um wieviel Uhr beginnt die Vorstellung?
Um wieviel Uhr holt er Ingrid ab?
Muss Ingrid ihre Schülerkarte mitbringen?
Sind die Plätze billig mit der Schülerkarte?
Wohin können sie nach der Vorstellung gehen?
Wie ist die Atmosphäre im Ratskeller?
Lesen sie die Speisekarte?
Was suchen sie aus?
Können sie viel ausgeben?
Warum können sie viel ausgeben?
Kommt die Kellnerin?
Wer bestellt?
Bezahlt er auch?

Mündliche Zusammenfassung

Numbers

0	null
1	eins
2	zwei
3	drei
4	vier
5	fünf
6	sechs
7	sieben
8	acht
9	neun
10	zehn
11	elf
12	zwölf
13	dreizehn
14	vierzehn
15	fünfzehn
16	sechzehn
17	siebzehn
18	achtzehn
19	neunzehn
20	zwanzig
21	einundzwanzig
22	zweiundzwanzig
23	dreiundzwanzig
24	vierundzwanzig
25	fünfundzwanzig
26	sechsundzwanzig
27	siebenundzwanzig
28	achtundzwanzig
29	neunundzwanzig
30	dreissig
31	einunddreissig
40	vierzig
50	fünfzig
60	sechzig
70	siebzig
80	achtzig
90	neunzig
100	hundert
101	hundertundeins, hunderteins
105	hundertfünf
116	hundertsechzehn
120	hundertzwanzig
125	hundertfünfundzwanzig
142	hundertzweiundvierzig
180	hundertachtzig
199	hundertneunundneunzig
200	zweihundert
250	zweihundertfünfzig
268	zweihundertachtundsechzig
300	dreihundert
400	vierhundert
500	fünfhundert
600	sechshundert
700	siebenhundert
800	achthundert
900	neunhundert
1000	tausend
1005	tausend (und) fünf
1020	tausend (und) zwanzig
1056	tausend (und) sechsundfünfzig
1270	tausend zweihundert siebzig
1972	tausend neunhundert zweiundsiebzig, neunzehnhundert zweiundsiebzig
2000	zwei tausend
10000	zehn tausend
20112	zwanzig tausend hundertundzwölf
100000	hundert tausend
595.060	fünfhundertfünfundneunzig tausend (und) sechzig
1.000.000	eine Million
50.000.000	fünfzig Millionen
1.000.000.000	eine Milliarde

Time

1:00	Es ist ein Uhr.
	Es ist eins.
2:00	Es ist zwei Uhr.
3:00	Es ist drei Uhr.
4:00	Es ist vier Uhr.
5:00	Es ist fünf Uhr.
6:00	Es ist sechs Uhr.
7:00	Es ist sieben Uhr.
8:00	Es ist acht Uhr.
9:00	Es ist neun Uhr.
10:00	Es ist zehn Uhr.
11:00	Es ist elf Uhr.
12:00	Es ist zwölf Uhr.
1:15	Es ist Viertel zwei.
	Es ist Viertel nach eins.
	Es ist fünfzehn Minuten nach eins.
3:30	Es ist halb vier.
	Es ist drei Uhr dreissig.
5:45	Es ist drei Viertel sechs.
	Es ist Viertel vor sechs.
	Es ist fünfzehn Minuten vor sechs.
6:10	Es ist zehn Minuten nach sechs.
8:50	Es ist zehn Minuten vor acht.

Days

Montag
Dienstag
Mittwoch
Donnerstag
Freitag
Samstag (Sonnabend)
Sonntag

Months

Januar
Februar
März
April
Mai
Juni
Juli
August
September
Oktober
November
Dezember

Verbs

Regular verbs

	lernen *to learn*	finden *to find*	sitzen *to sit*

Present

lernen	finden	sitzen
ich lerne	ich finde	ich sitze
du lernst	du findest	du sitzt
er, sie, es lernt	er, sie, es findet	er, sie, es sitzt
wir lernen	wir finden	wir sitzen
ihr lernt	ihr findet	ihr sitzt
sie, Sie lernen	sie, Sie finden	sie, Sie sitzen

Present Perfect

ich habe gelernt
du hast gelernt
er, sie, es hat gelernt
wir haben gelernt
ihr habt gelernt
sie, Sie haben gelernt

Imperative

Lern!
Lernen Sie!
Lernen wir!
Lernt!

Present tense of stem-changing verbs

e → i	e → ie	a → ä
sprechen[1] *to speak*	lesen[2] *to read*	schlafen[3] *to sleep*
ich spreche	ich lese	ich schlafe
du sprichst	du liest	du schläfst
er, sie, es spricht	er, sie, es liest	er, sie, es schläft
wir sprechen	wir lesen	wir schlafen
ihr sprecht	ihr lest	ihr schlaft
sie, Sie sprechen	sie, Sie lesen	sie, Sie schlafen

Irregular verbs

dürfen *may, be permitted*
ich darf, du darfst, er darf, wir dürfen, ihr dürft, sie dürfen

haben *to have*
ich habe, du hast, er hat, wir haben, ihr habt, sie haben

---

[1] *nehmen, essen, geben, helfen, treffen, werden* are similar.
[2] *sehen* is similar.
[3] *backen, einladen, fahren, fallen, laufen, tragen, vorschlagen* are similar.

können *to be able*
ich kann, du kannst, er kann, wir können, ihr könnt, sie können

möchten *would like*
ich möchte, du möchtest, er möchte, wir möchten, ihr möchtet, sie möchten

mögen *to like*
ich mag, du magst, er mag, wir mögen, ihr mögt, sie mögen

müssen *must, have to*
ich muss, du musst, er muss, wir müssen, ihr müsst, sie müssen

sein *to be*
ich bin, du bist, er ist, wir sind, ihr seid, sie sind

sollen *should, ought to*
ich soll, du sollst, er soll, wir sollen, ihr sollt, sie sollen

wissen *to know*
ich weiss, du weisst, er weiss, wir wissen, ihr wisst, sie wissen

wollen *to want*
ich will, du willst, er will, wir wollen, ihr wollt, sie wollen

---

Past Participles

bauen	gebaut	*built*
brauchen	gebraucht	*needed*
danken	gedankt	*thanked*
haben	gehabt	*had*
holen	geholt	*gotten*
hören	gehört	*heard*
kaufen	gekauft	*bought*
lernen	gelernt	*learned*
machen	gemacht	*done, made*
planen	geplant	*planned*
sammeln	gesammelt	*collected*
schenken	geschenkt	*given (as a present)*
schicken	geschickt	*sent*
suchen	gesucht	*looked for*
spielen	gespielt	*played*
wohnen	gewohnt	*lived*
zeigen	gezeigt	*shown*
geben	gegeben	*given*
lesen	gelesen	*read*
rufen	gerufen	*called*
schlafen	geschlafen	*slept*
sehen	gesehen	*seen*
bestellen	bestellt	*ordered*
besuchen	besucht	*visited*
verkaufen	verkauft	*sold*

helfen	geholfen	*helped*
nehmen	genommen	*taken*
sprechen	gesprochen	*spoken*
treffen	getroffen	*met*
wiegen	gewogen	*weighed*
finden	gefunden	*found*
singen	gesungen	*sung*
trinken	getrunken	*drunk*
essen	gegessen	*eaten*
schreiben	geschrieben	*written*
bringen	gebracht	*brought*
denken	gedacht	*thought*
kennen	gekannt	*known*
wissen	gewusst	*known*

Cases

		Masculine	*Feminine*	*Neuter*	*Plural*
Articles	*Nominative*	der	die	das	die
		ein	eine	ein	
		kein	keine	kein	
	Dative	dem	der	dem	den
		einem	einer	einem	
		keinem	keiner	keinem	
	Accusative	den	die	das	die
		einen	eine	ein	
		keinen	keine	kein	

Pronouns	*Nominative*	*Dative*	*Accusative*
	ich	mir	mich
	du	dir	dich
	er	ihm	ihn
	sie	ihr	sie
	es	ihm	es
	wir	uns	uns
	ihr	euch	euch
	sie	ihnen	sie
	Sie	Ihnen	Sie

Vocabulary

The number following each entry indicates the lesson in which the word was first presented. No number indicates color section.

A

der Abend, -e *evening* 8
    heute abend *tonight* 8
das Abendessen,- *dinner, supper* 3
    abends *in the evening* 4
    aber *but* 1
    abholen *to pick up* 15
das Abitur *final secondary-school examination (after 13 years of school)* 7
das Abteil, -e *train compartment* 11
    acht *eight* 6
    achtzehn *eighteen* 7
die Adresse, -n *address* 14
der Adventskranz, ⁼e *Christmas calendar* 8
das Afrika *Africa* 10
    alle *everybody, all* 2
    alles *everything* 5
    also *well, then, so, thus* 3
    alt *old* 3
das Amerika *America* 3
der Amerikaner, - *American* 4
    amerikanisch *American* 7
sich amüsieren *to have a good time* 14
    an *at, to, near* 2
der Anfang, ⁼e *beginning* 8
der Anfänger, - *beginner* 9
    anprobieren *to try on* 15
    anrufen *to call up* 15
    anschauen *to look at* 15
die Anweisung, -en *direction* 1
    anziehen *to put on* 15
der Anzug, ⁼e *suit* 5
der Apfel, ⁼ *apple* 8
die Apfelsine, -n *orange* 8

der Appetit *appetite* 11
der April *April* 10
die Arbeit, -en *work* 14
    arbeiten *to work* 7
die Atmosphäre *atmosphere* 15
    auch *too, also* 1
    auf *on, onto, at* 7
der Aufschnitt *cold cuts* 3
    aufstehen *to get up* 15
das Auge, -n *eye* 13
der August *August* 5
    aus *from, out of* 3
        aus aller Welt *from all over the world* 7
der Ausgang, ⁼e *exit* 7
    ausgehen *to go out* 15
    aussehen *to appear, to look* 14
    aussein *to be over* 4
die Aussenalster *a lake in Hamburg* 12
    ausserhalb *outside of* 4
die Aussprache, -n *pronunciation* 1
    aussuchen *to select, to choose* 15
der Ausverkauf, ⁼e *sale* 5
das Auto, -s *car* 4

B

    backen *to bake* 6
sich baden *to take a bath* 14
das Badezimmer, - *bathroom* 14
der Bahnhof, ⁼e *railroad station* 11
der Bahnsteig, -e *railroad platform* 11
    bald *soon* 9
der Balken, - *beam* 15
der Ball, ⁼e *ball* 2
der Ballon, -s *balloon* 3
der Bart, ⁼e *beard* 14
die Bauarbeit, -en *construction work* 14

bauen *to build* 2
der Bauer, -n *farmer*
der Bauernhof, -̈e *farm*
der Baum, -̈e *tree* 8
Bayern *Bavaria* 4
bayrisch *Bavarian* 4
der Beamte (ein Beamter) *train conductor* 11
beantworten *to answer* 15
bei *with (people), at, near (place)* 6
beide *both* 1
das Beispiel, -e *example* 2
zum Beispiel (z.B.) *for example (e.g.)* 2
bekommen *to receive, to get* 3
der Berg, -e *mountain* 6
berühmt *famous, well-known* 10
beschäftigt *busy* 12
die Bescherung, -en *giving of Christmas gifts, presents* 8
besonders *especially* 2
besser als *better than* 10
bestellen *to order* 2
bestimmt *for sure, definite* 9
besuchen *to attend, to visit* 4
das Bett, -en *bed* 13
bezahlen *to pay* 15
das Bier, -e *beer* 4
die Bierstube, -n *tap-room, bar* 10
die Bildung, -en *education*
billig *cheap* 5
die Binnenalster *a lake in Hamburg* 12
bis *until* 6
ein bisschen *a little* 4
bitte *please* 1
bleiben *to stay* 2
die Blume, -n *flower* 6
die Bluse, -n *blouse* 5
die Bratwurst, -̈e *fried sausage* 10
brauchen *to need* 3
breit *wide* 7

die Brezel, -n *pretzel* 4
der Brief, -e *letter* 3
der Brieffreund, -e *pen-pal* 10
bringen *to bring, to get* 3
das Brot, -e *bread* 3
das Brötchen, - *roll* 14
der Bruder, -̈ *brother* 1
die Brücke, -n *bridge* 10
der Bub, -en *boy* 4
das Buch, -̈er *book* 4
der Bus, -se *bus* 9
die Butter *butter* 3
das Buttergebäck, -e *butter cookies* 8

C

das Café, -s *café* 2
die Chemie *chemistry* 14
die Cola, -s *cola drink* 2
der Cousin, -s *cousin (male)* 8

D

da *here, there, over there* 1
da drüben *over there* 2
die Dame, -n *lady* 2
damit *so that* 13
danke *thanks* 14
danken *to thank* 8
dann *then* 4
dann und wann *now and then* 14
das *the, that, that one* 1
dass *that* 5
decken *to cover* 3
den Tisch decken *to set the table* 3
dein *your* 10
dekorieren *to decorate* 3
denken *to think* 1
denn *for, because* 8
denn *well, anyhow (used for emphasis in questions)* 1
der *the, that, that one* 1
deshalb *for that reason* 4

327

deutsch *German* 4
das Deutsch *German* 4
das Deutschland *Germany* 5
der Dezember *December* 8
der Dialekt, -e *dialect* 4
  dich *you (acc.); yourself* 13
  dick *heavy, fat* 1
  die *the, that, that one* 1
  dies– *this one*
  dir *to you* 14
  doch *anyhow, however* 5
    Frag doch mal . . . *Why don't you ask . . .* 7
der Donnerstag, -e *Thursday* 3
das Dorf, ̈er *village*
  dorthin *to that place, there* 2
  draussen *outdoors, outside* 8
  drei *three* 2
der dritte *the third* 13
die Drogerie, -n *drugstore* 9
  du *you* 1
  dumm *stupid, dumb* 1
die Düne, -n *dune* 2
  dunkel *dark* 15
  durch *through* 5
  durchnehmen *to study* 15
  dürfen *to be allowed to, may* 12
der Durst *thirst* 4

E

das Ei, -er *egg*
  eigentlich *actually, really* 4
  ein *a, one* 1
  einfach *simple, simply* 13
das Einfamilienhaus, ̈er *one-family house* 4
  einkaufen *to shop* 5
  einmal *once* 12
    Es war einmal *Once upon a time* 13

das Eis *ice cream* 2
die Elbe *a river in Germany* 13
  elegant *elegant* 5
  elf *eleven* 6
die Eltern *(pl.) parents* 14
das Ende, -n *end* 5
  eng *narrow* 6
der Engländer, - *English person* 10
  englisch *English* 4
das Englisch *English* 4
  enthalten *contain*
  entlang *along* 2
  er *he* 1
  ergänzen *to complete* 1
  ernst *serious* 14
  ersetzen *to substitute* 1
der erste *the first* 8
  erzählen *to tell* 13
  es *it* 1
  essen *to eat* 3
das Esszimmer, - *dining room* 3
  etwas *something* 4
    etwas los sein *something going on* 4
  euch *you (acc.), yourselves, to you* 13
  euer *your* 10

F

das Fach, ̈er *subject* 14
das Fachwerkhaus, ̈er *house built in a certain style* 6
  fahren *to drive* 6
die Fahrkarte, -n *ticket* 11
das Fahrrad, ̈er *bicycle* 11
  fallen *to fall* 9
die Familie, -n *family* 4
  fantastisch *fantastic* 3
  fast *almost* 7
die Feier, -n *celebration* 8
  feierlich *festive* 8
  fein *fine* 2
die Ferien *(pl.) vacation* 2

der Fernsehapparat, -e *television set* 13

das Fernsehen, - *television* 6

das Fernsehprogramm, -e *television program* 6

    im Fernsehen *on television* 6

    fertig *ready* 7

    fett *heavy, fat* 6

der Film, -e *film, movie* 6

    finden *to find* 2

der Fisch, -e *fish* 2

    fischen *to fish* 2

    flach *flat* 11

    fliegen *to fly* 7

der Flug, ̈e *flight* 7

die Fluggesellschaft, -en *airline company* 7

der Flughafen, ̈ *airport* 7

das Flughafenrestaurant, -s *airport restaurant* 7

die Flugkarte, -n *airline ticket* 7

das Flugzeug, -e *airplane* 7

der Fluss, ̈e *river* 10

die Frage, -n *question* 1

    fragen *to ask* 1

    französisch *French* 4

das Französisch *French* 4

das Fräulein, - *Miss, young woman* 1

    frei *free* 14

der Freitag, -e *Friday* 4

der Fremde, -n *stranger* 12

der Fremdenführer, - *guide* 12

der Freund, -e *friend (male)* 1

die Freundin, -nen *friend (female)* 1

    freundlich *friendly* 7

    fressen *to eat (used for animals)* 13

    frisch *fresh* 3

der Frisörladen, ̈ *beauty salon* 14

    froh *glad, happy* 4

der Frühling *spring* 10

das Frühstück *breakfast* 14

    führen *to guide, to lead* 10

    fünf *five* 1

der fünfte *the fifth* 13

    fünfzehn *fifteen* 3

    für *for* 3

der Fussball, ̈e *soccer ball* 2

G

die Gans, ̈e *goose* 8

    ganz *whole, complete, quite* 3

    gar nicht *not at all* 4

der Garten, ̈ *garden* 5

der Gast, ̈e *guest, customer* 15

der Gastarbeiter, - *"guest worker" (foreigners working in Germany)* 14

das Gasthaus, ̈er *inn, restaurant* 2

die Gastwirtschaft, -en *inn, restaurant* 4

das Gebäude, - *building* 4

    geben *to give* 3

    es gibt *there is, there are* 3

das Gebiet, -e *area, territory*

der Geburtstag, -e *birthday* 3

das Geburtstagsgeschenk, -e *birthday gift* 3

die Geburtstagskarte, -n *birthday card* 14

der Geburtstagskuchen, - *birthday cake* 3

die Geburtstagsparty, -ies *birthday party* 3

die Gegend, -en *area, region, vicinity*

    gegenüber *across from, opposite* 9

    gehen *to go, to walk* 2

    Wie geht's? *How are you?* 14

das Geld, -er *money* 5

das Gemälde, - *painting*

gemein *in common*
das Gemüse *vegetable*
die Gemütlichkeit *geniality, comfort* 15
genug *enough* 5
die Geographie *geography* 12
das Gepäck *baggage, luggage* 7
der Gepäckwagen, - *baggage* 4
geradeaus *straight ahead* 7
gern *to like to* 2
gern haben *to like* 6
das Gerüst, -e *scaffolding*
das Geschäft, -e *store* 4
der Geschäftsmann, Geschäfts-leute *businessman* 7
das Geschenk, -e *present* 3
die Geschichte, -n *history*
das Gespräch, -e *conversation* 1
das Getreidefeld, -er *grainfield*
gewöhnlich *usually* 2
die Gitarre, -n *guitar* 2
glauben *to believe, to think* 5
gleich *right away* 15
das Gleis, -e *track* 11
glücklich *happy* 6
golden *golden* 9
der Gott, ⸗er *God* 7
Gott sei Dank! *Thank heavens!* 7
Grüss Gott! *Hello! (Bavarian greeting)* 4
der Grog, -s *grog* 9
gross *tall, big, large* 1
grossartig *great* 3
die Grosseltern (*pl.*) *grandparents* 15
die Grossmutter, ⸗ *grandmother* 8
der Grossvater, ⸗ *grandfather*
die Gruppe, -n *group, band* 12
der Gruss, ⸗e *greeting* 10
der Gürtel, - *belt* 7
gut *good, well* 2

das Gymnasium, Gymnasien *secondary school* 4

H

haben *to have* 4
der Hafen, ⸗ *harbor* 12
das Hähnchen, - *spring chicken* 15
halb *half* 6
hässlich *ugly* 1
der Hauptbahnhof, ⸗e *main railroad station* 11
die Hauptstadt, ⸗e *capital* 4
die Hauptstrasse, -n *main street* 10
das Haus, ⸗er *house* 4
die Hausarbeit, -en *homework* 4
die Heide, -n *heath, moorland* 11
die Lüneburger Heide *a section in Germany* 11
das Heidekraut *Scotch heather* 11
heilig *holy* 8
der Heiligabend, -e *Christmas Eve* 8
Heiliger Abend *Christmas Eve* 8
heissen *to be called, to be named* 3
helfen *to help* 6
das Hemd, -en *shirt* 5
herabgesetzt *reduced* 5
der Herbst *fall* 6
der Herr, -en *Mr., gentleman* 2
heute *today* 3
heute abend *tonight* 8
hier *here* 2
das Hochhaus, ⸗er *skyscraper*
das Hofbräuhaus *restaurant in Munich, beerhall* 4
holen *to get* 3
das Holland *Holland* 6
das Holz, ⸗er *wood* 4

hören *to hear* 2
die Hose, -n *slacks, pants* 5
das Hotel, -s *hotel* 2
hübsch *pretty* 1
der Hund, -e *dog* 6
hundert *hundred* 3
der Hunger *hunger* 4
hungrig *hungry* 9
die Hütte, -n *cabin* 9

I

ich *I* 1
die Idee, -n *idea* 2
ihm *to him, to it* 14
ihn *it, him (acc.)* 5
ihnen *to them* 14
Ihnen *to you* 14
ihr *her, their* 10
Ihr *your* 10
ihr *to her* 14
immer *always* 2
in *in, into, to* 2
die Insel, -n *island* 2
intelligent *intelligent* 1
interessant *interesting* 4
das Italien *Italy* 6

J

ja *yes, truly, really* 1
    Na ja! *Well then!* 2
der Jäger, - *hunter* 13
das Jahr, -e *year* 3
der Januar *January* 9
der Jazzkeller, - *jazz bar* 10
jede *each, every one* 7
jetzt *now* 7
der Job, -s *job* 12
der Juli *July* 9
jung *young* 7
der Junge, -n *boy* 1

K

der Kaffee *coffee* 6
der Käfig, -e *cage* 12
der Kakao *cocoa* 14

der Kalbsbraten, - *veal roast* 15
kalt *cold* 3
sich kämmen *to comb* 14
die Kapelle, -n *band* 9
kaputt *broken* 10
der Karpfen, - *carp* 8
die Karte, -n *ticket, postcard* 3
der Kartoffelbrei *mashed potatoes* 15
der Kartoffelsalat, -e *potato salad* 15
der Käse *cheese* 3
kaufen *to buy* 3
das Kaufhaus, ̈er *store* 5
kein *no, not a, not any* 3
der Keller, - *cellar* 4
die Kellnerin, -nen *waitress* 15
kennen *to know* 14
die Kerze, -n *candle* 3
das Kerzenlicht *candle light* 4
die Kiefer, -n *pine* 11
das Kind, -er *child* 2
das Kino, -s *movie theater* 4
die Kirche, -n *church* 4
die Klasse, -n *class* 9
klassisch *classical* 10
das Klavier, -e *piano* 8
das Kleid, -er *dress* 5
sich kleiden *to get dressed* 14
klein *small* 1
klingeln *to ring* 14
    es klingelt *the bell's ringing*
die Konditorei, -en *coffee and pastry shop* 10
das Kofferradio, -s *portable radio* 2
die Kohle, -n *coal* 8
können *to be able to, can* 12
kontrollieren *to check* 11
das Konzert, -e *concert* 4
der Korb, ̈e *basket* 13
kosten *to cost* 3
krank *sick* 13

die Küche, -n *kitchen* 8
der Kuchen, - *cake* 3
die Kugel, -n *ball (Christmas ornament)* 8
kühl *cool* 5
der Künstler, - *artist* 4
die Kusine, -en *cousin (female)* 8
die Küste, -n *coast* 2

L

die Lametta *angel's hair* 8
das Land, ⁼er *country, land* 11
lang *long* 7
langsam *slow(ly)* 5
laufen *to run* 9
das Leben *life* 14
der Leberkäs *German wurst specialty* 11
die Leberwurst, ⁼e *liverwurst* 3
der Lebkuchen, - *gingerbread* 8
das Leder *leather* 3
die Lederhosen *(pl.) leather shorts* 9
leer *empty* 4
die Lehrerin, -nen *teacher* 9
der Lehrling, -e *apprentice* 14
leicht *easy, light* 14
lernen *to learn, to study* 4
lesen *to read* 6
das Lesestück, -e *reading selection* 1
die Leute *(pl.) people* 2
lieber *rather* 6
Lieber Hans! *Dear Hans!* 10
liegen *to lie, to be* 2
die Limonade, -n *lemonade, soda* 2
literarisch *literary* 13
die Literatur *literature* 13
losgehen *to start, to begin* 11
die Lust *pleasure, inclination* 7
Lust haben *to like to* 7

M

machen *to make, to do* 2
Das macht nichts *That doesn't matter* 9
das Mädchen, - *girl* 1
das Mädel, - *girl* 4
mal *(word that adds flavor)* Sag mal! *Say now!* 6
manch *some, many* 13
manchmal *sometimes* 10
der Mann, ⁼er *man* 5
das Märchen, - *fairy tale* 13
die Mark *mark (German monetary unit)* 3
der Markt, ⁼e *market* 8
die Marmelade, -n *jam* 14
der Marzipan *almond paste* 8
die Maschine, -n *machine* 7
die Mathematik *mathematics* 14
der Matrose, -n *sailor* 12
mein *my* 10
meist *most* 5
meistenteils *usually, mostly* 5
der Mensch, -en *human being, man* 3
der Mercedes *Mercedes (German-made car)* 5
die Mettwurst *a German wurst specialty* 3
mich *me (acc.), myself* 13
mieten *to rent* 2
die Milch *milk* 6
mir *to me* 14
mit *with* 2
mitbringen *to bring along* 15
mitfahren *to come along, to ride along* 15
mitgehen *to go along* 15
mitkommen *to come along* 15
mitmachen *to participate* 15

mitnehmen *to take along* 15

das Mittagessen, - *lunch* 9

die Mittagspause, -n *lunch break* 11

mittelalterlich *medieval* 6

möchte *(see* mögen)

modern *modern*

modisch *stylish, fashionable* 15

mögen *to like* 7

der Moment, -e *moment* 7

der Monat, -e *month* 14

der Montag, -e *Monday* 3

morgen *tomorrow* 3

der Morgen *morning* 14

müde *tired* 9

der Mund, ⁼er *mouth* 13

München *Munich* 4

der Münchner, - *person living in Munich* 4

die Muschel, -n *shell* 2

das Museum, Museen *museum* 6

die Musik *music* 2

müssen *to have to, must* 12

die Mutter, ⁼ *mother* 3

die Muttertagskarte, -n *Mother's Day card* 14

die Mutti, -s *mom* 7

N

na *well* 13

Na und? *Well then! So?* 13

nach *to (place)*, after *(time)* 2

nach Hause gehen *to go home* 6

der Nachmittag, -e *afternoon* 5

heute nachmittag *this afternoon* 3

die Nachricht, -en *news* 6

die Nacht, ⁼e *night* 8

der Nachtklub, -s *nightclub* 12

die Nahrung *food*

der Name, -n *name* 13

nämlich *namely* 6

die Nase, -n *nose* 13

natürlich *of course, naturally* 1

der Neckar *a German river* 13

nehmen *to take* 6

nein *no* 4

nennen *to call, to name* 14

nett *nice* 3

neu *new* 5

neun *nine* 4

nicht *not* 1

nicht wahr? *isn't it so?* 1

Niedersachsen *Lower Saxony* 5

das Norddeutschland *Northern Germany* 5

die Nordsee *North Sea* 2

noch *still, yet* 4

die Nummer, -n *number* 7

nur *only* 1

die Nuss, ⁼e *nut* 8

O

ob *whether, if* 1

das Obst *fruit* 13

der Ochse, -n *ox* 10

„Zum Roten Ochsen" *"At the Red Ox" restaurant in Heidelberg* 10

oder *or* 6

öffnen *to open* 13

oft *often* 2

das Ohr, -en *ear* 13

der Oktober *October* 9

die Olympiade, -n *Olympic games* 13

die Oma, -s *grandma* 4

der Onkel, - *uncle* 3

die Oper, -n *opera* 4

die Orange, -n *orange* 8

der Ort, -e *resort*

die Ostsee *Baltic Sea* 7

P

das Paket, -e *package* 3
der Park, -s *park* 6
die Party, -ies *party* 3
der Pass, ⁼e *passport* 7
der Passagier, -e *passenger* 7
passen *to fit, to be appropriate* 15
die Pension, -en *boarding house, inn* 2
perfekt *perfect* 8
die Person, -en *person* 1
das Picknick, -e *picnic* 11
planen *to plan* 3
die Platte, -n *record, platter* 3
der Platz, ⁼e *seat, place* 15
pleite *broke (without money)* 5
die Politik *politics* 14
populär *popular* 4
der Porsche *Porsche (German-made car)* 7
die Praline, -n *praline, sweets* 6
der Preis, -e *price* 5
prima *great, first class* 2
das Programm, -e *program* 6
Prost! *Cheers!* 15
protestantisch *protestant* 4
prüfen *to check, examine* 7
der Pullover, - *pullover* 3
der Pulverschnee *powdery snow* 9
der Pumpernickel *black Westphalian rye bread* 3

R

das Rad, ⁼er *bicycle* 11
das Radio, -s *radio* 8
die Radtour, -en *bicycle trip* 11
der Rasierapparat, -e *shaver* 14
sich rasieren *to shave oneself* 14
der Ratskeller, - *restaurant* 15

die Raumlehre *geometry* 14
die Reeperbahn *a street in Hamburg* 12
der Regenmantel, ⁼ *raincoat* 5
reich *rich* 5
das Reiseplakat, -e *travel poster* 3
rennen *to run* 2
das Restaurant, -s *restaurant* 4
der Rhein *German river* 13
riechen *to smell* 13
der Ring, -e *ring* 8
der Rock, ⁼e *skirt* 5
der Roman, -e *novel* 8
romantisch *romantic* 6
rot *red* 10
das Rotkäppchen *Red Riding Hood* 13
die Rückfahrkarte, -n *round-trip ticket* 11
der Rucksack, ⁼e *knapsack* 11
das Ruderboot, -e *rowboat* 10
rudern *to row* 10
rufen *to call* 5
die Ruine, -n *ruin* 10
russisch *Russian* 4
das Russisch *Russian* 4

S

die Sache, -n *thing* 4
sagen *to say, to tell* 3
sammeln *to collect* 13
die Sammlung, -en *collection*
der Samstag, -e *Saturday* 3
der Sand *sand* 2
sandig *sandy* 11
das Sauerkraut *sauerkraut* 4
schade! *unfortunate! pity! too bad!* 2
schaffen *to create, to make* 13
der Schalter, - *ticket window, reservation desk* 7
scharf *sharp*
scheinen *to shine* 2
schenken *to give, to present* 3

der Schi, -er *ski* 9
    Schi laufen *to ski* 9
    schick *chic* 8
    schicken *to send* 3
das Schiff, -e *ship, boat* 12
das Schilaufen *skiing* 9
der Schilehrer, - *ski instructor* 9
der Schinken, - *ham* 3
der Schipullover, - *ski sweater* 8
    schlafen *to sleep* 6
das Schlafzimmer, - *bedroom* 14
die Schlaghose, -n *bell bottom trousers* 5
die Schlagsahne *whipped cream* 4
    schlank *slender, slim* 1
der Schlips, -e *tie* 3
der Schlitten, - *sleigh, toboggan* 9
der Schlittschuh, -e *ice skate* 9
    Schlittschuh laufen *to ice skate* 9
das Schloss, ⸗er *castle* 5
der Schlossgarten, ⸗ *castle grounds* 11
    schmecken *to taste* 3
    schmücken *to decorate* 8
der Schnee *snow* 8
    schneien *to snow* 8
    schnell *fast* 4
        schnell machen *to hurry up* 14
    schon *already* 5
    schön *nice, pretty, beautiful* 2
der Schornstein, -e *chimney*
    schreiben *to write* 3
der Schuh, -e *shoe* 5
die Schule, -n *school* 4
die Schülerkarte, -n *student ticket* 15
das Schulsystem, -e *school system* 14
der Schweinebraten, - *roast pork* 4

die Schwester, -n *sister* 1
    schwimmen *to swim* 2
    sechs *six* 10
    sechzehn *sixteen* 3
der See, -n *lake* 12
die See, -n *sea* 2
die Seemöve, -n *seagull* 2
    sehen *to see, to look* 6
    sehr *very* 1
    sein *to be* 1
    sein *his* 10
    seit *since* 7
der September *September* 6
sich setzen *to sit down* 14
    sich *himself, herself, itself, yourself, themselves, yourselves* 14
    sie *she, they* 1; *it, her, them (acc.)* 5
    Sie *you* 1
    sieben *seven* 14
    siebzehn *seventeen* 4
    singen *to sing* 2
    sitzen *to sit* 2
der Sitzplatz, ⸗e *seat, a place to sit* 4
    so *so* 1
die Socke, -n *sock* 5
    sofort *right away* 9
der Sohn, ⸗e *son* 11
    sollen *to be supposed to, ought* 12
der Sommer, - *summer* 2
der Sommerschlussverkauf, ⸗e *clearance sale at the end of summer* 5
die Sonne, -n *sun* 2
der Sonntag, -e *Sunday* 9
das Spanien *Spain* 6
der Spass, ⸗e *fun, joke* 9
    später *later* 2
    spazieren *to take a walk, to stroll* 6
die Speisekarte, -n *menu* 15
der Spiegel, - *mirror* 15
    spielen *to play* 2
der Sportwagen, - *sports car* 8
die Sprache, -n *language* 4

sprechen *to talk, to speak* 3

die Stadt, ⁻e *city* 4

die Stadtrundfahrt, -en *tour around the city* 12

der Stadtteil, -e *district, part of the city* 4

das Stadttheater, - *theater supported by the municipality* 15

der Stahl, -e *steel*

der Stand, ⁻e *stand, stall* 4

stehen *to stand, to be situated* 11

der Stein, -e *stone* 2

das Stereogerät, -e *stereo equipment* 14

die Stewardess, -en *airline hostess* 7

still *quiet(ly), silent* 8

stolz *proud* 4

der Strand, ⁻e *beach* 2

der Strandbummler, - *beachcomber* 6

der Strandkorb, ⁻e *beach chair* 2

die Strasse, -n *street* 6

die Strassenbahn, -en *streetcar* 4

das Stück, -e *piece, play* 4

die Studentin, -nen *university student (female)* 7

studieren *to study* 7

die Stunde, -n *hour* 2

suchen *to look for* 2

das Süddeutschland *Southern Germany* 4

der Supermarkt, ⁻e *supermarket* 9

T

die Tankstelle, -n *gas station* 14

der Tannenbaum, ⁻e *fir tree* 8

die Tante, -n *aunt* 3

tanzen *to dance* 3

die Tasse, -n *cup* 14

die Taxe, -n *cab, taxi* 5

der Tee *tea* 6

das Telefon, -e *telephone* 6

teuer *expensive* 5

das Theater, - *theater* 4

die Theaterkarte, -n *theater ticket* 3

das Tier, -e *animal* 12

der Tierpark, -s *zoo* 13

der Tisch, -e *table* 3

der Titel, - *title* 13

todmüde *dead-tired* 5

die Tochter, ⁻ *daughter* 11

toll *wild, crazy, great* 3

die Torte, -n *fancy cake* 4

total *total(ly)* 3

der Tourist, -en *tourist* 4

tragen *to wear* 9

treffen *to meet* 6

sich treffen *to meet, to get together* 14

der Trenchcoat, -s *trenchcoat* 5

trinken *to drink* 2

trocken *dry* 9

trotzdem *nevertheless, despite, anyway* 10

Tschüss! *Bye-bye! So long!* 2

der Turm, ⁻e *tower* 10

der Typus, Typen *type* 13

U

üben *to practice* 12

über *about, across, over* 6

überall *everywhere* 6

die Überraschungsparty, -ies *surprise party* 3

übertragen *to transmit* 8

die Übung, -en *practice* 1

die Uhr, -en *watch, clock* 4

Wieviel Uhr ist es? *What time is it?* 4

um *at (time)* 4

und *and* 1

universal *universal(ly)* 13

die Universität, -en *university* 6

uns *us (acc.), ourselves, to us* 13

unser *our* 10

unterbrechen *to interrupt*

die Untergrundbahn, -en *subway*

sich unterhalten *to converse* 14

der Unterricht *instruction* 9

unterwegs *on the way* 13

ursprünglich *originally* 13

usw. (und so weiter) *etc.* 10

V

der Vater, ⸚ *father* 7

verbringen *to spend* (*time*) 6

verdienen *to earn* 10

vergessen *to forget*

verkaufen *to sell* 4

der Verkehr *traffic*

verrückt *crazy* 3

Verzeihung! *Excuse me!* 7

viele *many, a lot* 2

vielleicht *perhaps* 2

vier *four* 4

das Viertel, - *quarter* 14

die Vokabel, -n *word* 1

der Volkswagen *Volkswagen* (*German-made car*) 4

voll *full, filled* 4

von *from, about* 3

vorbei *over* 6

sich vorbereiten *to prepare oneself*

vorhaben *to plan to* 15

vorschlagen *to propose* 15

die Vorstellung, -en *performance* 15

W

der Wagen, - *car, wagon* 7

wahr *true* 1

nicht wahr? *isn't it so?* 1

während *while*

wahrscheinlich *probably* 6

der Wald, ⸚er *forest* 13

wandern *to wander, to stroll* 2

wann *when* 2

warm *warm* 2

warnen *to warn* 13

warten *to wait* 8

warten auf *to wait for* 8

warum *why* 1

was *what* 1

sich waschen *to wash oneself* 14

das Wasser *water* 2

der Wecker, - *alarm clock* 14

die Weihnachten *Christmas* 8

das Weihnachtslied, -er *Christmas carol* 8

der Weihnachtsmarkt, ⸚e *outside market at Christmastime* 8

der Weihnachtstag, -e *Christmas Day* 8

die Weihnachtszeit, -en *Christmastime* 8

weil *because* 8

der Wein, -e *wine* 2

das Weinfass, ⸚er *wine keg* 15

der Weinkeller, - *wine cellar* 10

das Weissbrot, -e *white bread* 3

weitergehen *to go on, to continue* 15

welcher *which* 3

wem *whom* 2

wen *whom* 3

wenig *a little, few* 14

wenigstens *at least* 2

wer *who* 1

die Werbung, -en *commercial, ad* 6

werden *to become, to get* 6

die Weste, -n *cardigan, vest* 5

das Wetter *weather* 2

wichtig *important* 7

wie *how* 1

wie *as, like* 4

   Wie geht's? *How are you?* 14

   Wie lange? *How long?* 2

wiederholen *to repeat, to review* 1

wiegen *to weigh* 7

wieviel *how much* 4

   Wieviel Uhr ist es? *What time is it?* 4

der Winter, - *winter* 9

die Winterferien (*pl.*) *winter vacation* 9

wir *we* 1

wirklich *really* 3

wissen *to know* 7

wo *where* 2

die Woche, -n *week* 2

woher *where from* 2

wohin *where to* 2

wohnen *to live* 4

das Wohnzimmer, - *living*

room 3

wollen *to want to, to wish* 12

das Wort, ̈er *word* 13

wunderbar *wonderful* 1

die Wurst, ̈e *sausage* 4

das Wurstbrot, -e *sandwich* 11

Z

zehn *ten* 3

zeigen *to show* 7

die Zeit, -en *time* 7

die Zeitung, -en *newspaper* 6

das Zentrum, Zentren *center* 11

der Zoo, -s *zoo* 9

zu *to, too* 2

der Zug, ̈e *train* 9

zuhören *to listen to* 15

zwanzig *twenty* 3

zwei *two* 2

zwölf *twelve* 11

Index

accusative case:
  of definite and indefinite arti-
    cles, singular, 50–53
  of definite articles, plural, 72
  of negative article, singular,
    50–53
  of nouns, plural, 72
    singular, 50–53
  of object pronouns, plural, 91,
    269
    singular, 88–90; 269
  of personal pronouns, 267–269
  of possessive adjectives, plural,
    207–208
    singular, 204–207
  reflexive, 284–287
adjectives, possessive:
  accusative, plural, 207–208
    singular, 204–207
  dative, plural, 225–226
    singular, 221–225
  nominative, plural, 207–208
    singular, 199–203
articles:
  definite, plural, accusative, 72
    dative, 150–151
    nominative, 15
    singular, accusative, 50–53
    dative, 147–150
    nominative, 7, 49–50
  indefinite, accusative, 50–53
    dative, 224
    nominative, 49–50
  negative, singular, accusative,
    50–53
    nominative, 49–50
case (see individual case)
commands (see *imperative*)
contractions, dative prepositional,
  183–186
dative case:
  of definite articles, plural, 150–
    151
    singular, 147–150
  of indefinite article, 224
  of nouns, plural, 150–151

dative case:
  of nouns, singular, 147–150
  of personal pronouns, 287–290
  of possessive adjectives, plural,
    225–226
    singular, 221–225
  prepositions with, 181–186;
    291–292
denn, 151–152
du vs. *Sie*, 13–14; 34
dürfen, 241–244
gern, 28
haben:
  present tense of, 68–71
  with present perfect tense,
    226–229
imperative:
  of regular verbs, familiar, plu-
    ral, 130–131
    singular, 127
  formal, 125–127
  of stem-changing verbs, famil-
    iar, singular, 127–129
  with *wir*, 129
in:
  contractions with, 186–187
  with accusative, 186–187
  with countries and cities, 186
  with dative, 185–186
inseparable-prefix verbs, 312
  present perfect tense of, 247–
    249
  with modal auxiliary, 312–313
irregular verbs (see individual
    verb)
kein:
  accusative of, 50–53
  nominative of, 49–50
kennen vs. *wissen*, 264–267
können, 241–244
lieber, 113
möchten, 245–247
modal auxiliary verbs, 241–244;
  245–247
mögen, 131–133
müssen, 241–244

nach Hause, 187
nicht, 187; 228; 244; 263; 307;
  309; 311
nominative case:
  of definite and indefinite arti-
    cles, singular, 49–50
  of definite articles, plural, 15
  of negative article, singular,
    49–50
  of nouns, singular, 49–50
  of possessive adjectives, plural,
    207–208
    singular, 199–203
nouns:
  accusative case, plural of, 72
    singular, 50–53
  capitalization of, 7
  dative case, plural of, 150–151
    singular of, 147–150
  nominative case, singular of,
    49–50
past participle, irregular:
  of *sprechen, treffen, helfen,
    nehmen, singen, trinken,
    finden, wiegen, schreiben,
    essen*, 270–271
  of verbs with inseparable
    prefix, 247
  of *wissen, kennen, bringen,
    denken*, 293
  with -*t* and -*en*, 226–229
past tense (see *present perfect
    tense*)
possessive adjectives:
  accusative, plural of, 207–208
    singular of, 204–207
  dative, plural of, 225–226
    singular of, 221–225
  nominative, plural of, 207–208
    singular of, 199–203
prepositions:
  with accusative case, 186–187
  with dative case, 181–186;
    291–292
present perfect tense:
  of verbs with -*en*, 228–229

present perfect tense:
    of verbs with inseparable prefix, 247–249
    of verbs with irregular past participles, 270–271; 293
    of verbs with -t, 226–228
present tense:
    of modal auxiliary verbs, 241–247
    of regular verbs, 26–28; 32–35
    of stem-changing verbs:
        $a \rightarrow \ddot{a}$, 110–113
        $i \rightarrow ie, e \rightarrow i$, 107–109
pronouns, object:
    accusative, plural, 91; 269
        singular, 88–90; 269
    personal, accusative, 267–269
        dative, 287–290
        nominative, 7–8; 15
        reflexive, 284–287
reflexive pronouns, 284–287
reflexive verbs, 284–287
sein, 5–7; 12–13
separable-prefix verbs, 306–309
    with modal auxiliary, 310–311
Sie vs. *du*, 13–14

sollen, 241–244
stem-changing verbs:
    imperative, familiar, singular, 127–129
    present tense of:
        $a \rightarrow \ddot{a}$, 110–113
        $i \rightarrow ie, e \rightarrow i$, 107–109
verbs:
    imperative:
        polite form of, 125–127
        regular, familiar, plural of, 130–131
        regular, familiar, singular of, 127
        stem-changing, 127–129
        with *wir*, 129
    inseparable-prefix, 312
        with modal auxiliary, 312–313
    present perfect tense:
    with -*en*, 228–229
    with inseparable prefix, 247–249
    with -*t*, 226–228
    present tense:
    of modal auxiliary, 241–247

    of regular, 26–28; 32–35
    of stem-changing, 107–113
    reflexive, 284–287
    separable-prefix, 306–309
    with modal auxiliary, 310–311
(*sich*) *waschen*, 286
weil, 151–152
werden, 109
wissen, 264–265
    vs. *kennen*, 264–267
wollen, 241–244
word order:
    inverted, 73–74; 92
    regular, 73–74; 92; 152
    transposed, 91–92; 152; 261–263; 265
    with *dass* and *weil* + modal auxiliary, 261–263
    with *denn* and *weil*, 151–152
    with interrogative words, 265
    with time and place expressions, 186
    with two objects, 290
zu Hause, 184